日記で読む日本史17

倉本一宏 監修

琉球王国那覇役人の日記

福地家日記史料群

下郡 剛 著

臨川書店

目次

序章　福地家日記史料群の概要……5
一章　御物城高里親雲上唯紀日記……9
一節　ペリーがやって来た！　～事前に記されていた未来日記～……9
二節　後日改変された下書き日記……19
三節　相互に連動する親見世の日記……28
二章　那覇筆者日記……41
一節　親見世日記……41
二節　異国日記……47
三節　産物方日記　～記録するべき日記を間違えた～……51
四節　『異国日記』と『産物方日記』の表紙の成り立ち……59
三章　福地家日記……71
一節　日記に見る近世琉球の公と私……71
二節　琉球の日記にみる公から私への転換……87

三節　日記に天気をつけること……115
四章　台湾大学所蔵『異国日記』と福地家所蔵『御物城高里親雲上唯紀日記』……131
一節　国立台湾大学図書館典蔵琉球関係史料集成……131
二節　『異国日記』よりわかる『御物城高里親雲上唯紀日記』の記事成立過程……135
三節　『異国日記』と『御物城高里親雲上唯紀日記』の矛盾
～異なる日記に書写された一通の文書から～……145
四節　再び、事前に記された未来日記について
～『御物城高里親雲上唯紀日記』よりわかる『異国日記』の記事成立過程～……151
五章　福地家日記史料群の性格……157
はじめに……157
1　那覇里主玉城親雲上日記……159
2　産物方日記……170
3　異国日記……171
4　福地家日記……172
5　御物城高里親雲上唯紀日記……174
6　親見世日記……176

7　島津帯刀様御仮屋守日記……177
8　御仮屋守高里親雲上唯延日記……183
9　大和横目日記例外寄……192
10　御仮屋別当例抜……195
11　御物城高里親雲上唯延日記……198
おわりに……206
終章　下書きの日記、その史料的価値……209
参考文献……213

序章　福地家日記史料群の概要

本書では福地家に伝来した、琉球王国末期の日記史料群をテーマとする。王国末期の琉球は、東アジア進出を強めるイギリス・フランスなど、異国船来航が相次いだ時期であり、日本史の教科書で著名なアメリカのペリーもまた琉球に到来、ペリーは王城たる首里城を強行訪問までしている。異国船来航は末期琉球王国の国家的懸案事項であり、福地家日記史料群は、そのような時代背景の中で記録された。

さて、国王家たる尚家史料群を除けば、前近代の琉球において、一つの家にこれほど多くの日記史料が集積された事例は他になく、福地家日記史料群の存在は極めて異例である。尚家、福地家、ともに家とはいっても、尚家の場合、家自体が公儀そのものであり、尚家史料群は公的史料の集合体である。しかし、福地家はそうではない。あくまでも私的な血縁集団であり、そこに伝来された史料は公私混淆である。福地家日記史料群を研究することで、尚家史料群からは見えない琉球日記の世界が垣間見られることが予測され、その存在は、琉球の日記研究上特別貴重なものといえる。それらの日記は、『那覇市史』にて全文翻刻されているものの、これまで専論はなく、先行研究は『那覇市史』に収録される「解題」ならびに「解説」が唯一となる。まずはその福地家の紹介から始めてゆきたい。

福地家には本書で扱う日記史料群のほか、家譜『譜代貝姓家譜正統』も現存しており、それによって来歴を具体的に知ることができる。福地家は唯元(いげん)を系祖とする士族の家柄であり、その後、二世唯記(いき)、三世唯続(いぞく)、四世唯廉(いれん)、五世唯真(いしん)、六世唯紀(いき)、七世唯延(いえん)と継承され、この唯延の時代に王国の解体を迎える。琉球王国において、家譜の編纂・所持は、士族の身分指標でもある。士族は、尚豊（在位一六二一年~四〇年）以前からの譜代と、それ以後に認可された新参の二つの階層に分類されるのだが、勲功や献金などによって、新参が譜代に昇格することもあり、福地家はまさにこれにあたる。すなわち系祖唯元から五世唯真までは新参の家柄であったものが、六世の唯紀からは譜代へと昇進している。

また、王国時代の福地家は那覇居住士族であった。しかし、那覇といっても、現在の我々がイメージする那覇とは全く異なる。多くの観光客が那覇の象徴としてイメージするであろう国際通りは、王国時代の那覇ではない。前近代におけるそれは、現在の国道五八号線よりも海側で、具体的には西、東、若狭町、泉崎の那覇四町(よまち)に限定され、これに隣接する久米村すらも別管轄である。現在我々の那覇感覚からすれば非常に狭小な地域ではあるが、しかし、国際貿易港、那覇港に接するため、商業都市として、王国時代から他と異なる発展をした地域でもあった。

その那覇を管轄する役所を親見世(おやみせ)という。親見世は那覇四町の統治の他、那覇に常駐した在番奉行(ざいばんぶぎょう)など薩摩役人との折衝も重要な職務であり、また特に王国末期には琉球に滞在した異国人監視役をも担うことになる。まさに王国の玄関口の守衛役を担った役所であった。その親見世を統括するのが、那覇里主(なはさとぬし)と御物城(おものぐすく)である。那覇里主は首里役人から、御物城は那覇役人から選任される。前述したように、福地家は六世唯紀(いき)の時に、新参から譜代の家柄に昇格したわけであるが、この唯紀が同家では初めて御物城に着任し、唯紀嫡子の唯延もまた御物城を歴任する。唯紀はまさしく福地家中興の祖にあたる人物であり、福地家日記史料群は、この唯紀と唯延の二代に亘って集積されたものである。
さて、この福地家日記史料群は、現在は那覇市歴史博物館に寄託されており、前述したように全てが『那覇市史』にて全文翻刻されている。次にその目次を確認しておく。

第一章

1 日記（下） 玉城親雲上（道光九己丑正月朔日より翌寅二月迄）
2 産物方日記（道光三拾年戌〈嘉永三年〉正月より十二月迄）
3 異国日記（道光三拾年庚戌）

第二章

1 日記（道光弐拾八年戊申卯月より明治壱拾弐年七月迄）
2 日記（上下） 御物城高里親雲上（咸豊弐年壬子弐月朔日より癸丑参月十八日迄）
3 御仮屋別当日記例抜 金城筑登之
4 日記（道光弐拾五年正月より六月迄）
5 島津帯刀様御仮屋守日記（咸豊八年戊午二月十三日より）
6 御仮屋守日記（咸豊九年己未十二月朔日より）
7 大和横目日記例外寄 高里親雲上（同治三年甲子三月吉日）
8 日記（上） 高里親雲上（同治拾壱年壬申二月朔日より同十二月迄）
9 日記（下） 高里親雲上（同治拾弐年癸酉正月朔日より戌二月迄）

『那覇市史』では二章構成とされており、一章では三件が、二章では九件が紹介される。但し、二章の八件目と九件目の日記は、執筆期間の相違であり、両者は同じ日記であるため、事実上は一章が三件、二章が八件、合計十一件の日記が伝来している。

これらの日記史料群は、『那覇市史』「解題二」によれば、一九四四年の十・十空襲の際には、福地唯義氏がリックサックに押し込んで豊見城方面に逃げ、その後の疎開先熊本へも帯同したために現存できたとのことで、沖縄戦の戦禍をくぐり抜けることができた、貴重な史料である。

各日記の名称は、『那覇市史』では、表紙の表題を採用して、多くの場合『日記』とのみしているが、これでは識別ができない。そこで本書では『那覇市史』とは異なる名称を使用するが、その都度、『那覇市史』のどの日記が該当するのか、明示しながら話しをすすめてゆくこととする。

一章　御物城高里親雲上唯紀日記

一節　ペリーがやって来た！　～事前に記されていた未来日記～

咸豊三（一八五三）年四月十九日、ペリー率いるアメリカ艦隊が、日本の浦賀来航に先立って、琉球の那覇にやって来る。その時の様子を記した日記が、福地家日記史料群の中に残っている。日記の名前は後述するとして、本書の表紙にもなったこの日の条文を、まずは『那覇市史』に基づいて見てみよう。

四月十九日

一、御奉行様御役々衆池城殿内より初而御招請ニ付、色衣冠ニ而御案内相勤候。然処御馳走央、異国船三艘沖相見得候付、御奉行様を始御役々衆御一同罷下り、早速親見世江出勤、諸事手組いたさせ候処、追付波之上沖江碇を卸候付、滞船中里主ハ惣御宿若狭町村岸本筑登之宅江御出張、私者沖寺江相詰候事。

附、本文、異国船者亜米利翰国之船ニ而候也。

一、川上式部様御小姓死去ニ付、香奠として左之通目録取添、問役を以差遣候事。

附、目録者、覚・以上なしニ而、裏之端下ニ名札押候也。

一、短香一把

一、青銅十疋琉目五貫文

一、右葬式ニ付、用頼差遣為致見送候事。

一、右付、川上式部様并御奉行様・異国方御役々衆、毎日式部様御宿江御座立被成候事。

近世期の琉球史料は、日本のそれと大差ないのだが、独特の用語が頻出するため、馴れていないと文意がとりにくい。そこで、本書では、なるべく口語訳を付けてゆくことにしたい。右史料中では、「筑登之」などがこれに該当すると思われるが、ここでは「岸本筑登之」で人名と考えていただきたい。後にこれも詳しく説明する。ともあれ、口語訳は次のとおりとなるわけだが、この史料に記載されている内容には間違いがある。是非とも間違い探しを意識して、次の口語訳を見ていただきたい。

四月十九日

一、御奉行様（薩摩在番奉行）と（薩摩の）役人衆が池城殿内より初めて御招待を受けたので、色衣冠（の正装）を着用して、（首里の池城殿内への）案内役を勤めた。そうしていたところ、御馳走のなかばに、異国船が三艘、沖に見えたので、御奉行様をはじめ（薩摩の）役人衆一同は（那覇）へ罷り下り、（私は）早速親見世に出勤し、諸事の手配をさせていたところ、（異国船は）波之上の沖に碇をおろしたので、滞船中里主（那覇里主）は惣御宿若狭町村岸本筑登之の邸宅へ出張され、私は沖寺（臨海寺）に詰めた。

付けたり。本文の異国船は亜米利翰国（米国）の船である。

一、（薩摩役人の）川上式部様の小姓が死去したため、香典として左のとおり、目録を添えて、問役

（下級役人の一種）を以て進上した。

付けたり、目録には「覚・以上」は記さず、裏の端下に名前を書いた。

一、青銅十疋琉目五貫文　一、短香一把

一、右の葬式について、用頼（ようだのみ）（下級役人の一種）を遣わして見送りをした。

一、右のことについて、川上式部様ならびに御奉行様、（薩摩の）異国方（いこくほう）役人衆は、毎日式部様の宿に集まった。

明かな間違いとして、とても興味深いのは最後の一ヵ条である。冒頭「右のことについて」とあるわけだが、「右のこと」が指すのは、そのすぐ右隣にきている川上式部の小姓（雑用役人）の葬式のことでなくてはならない。とするならば、川上式部の小姓の葬式のために、「川上式部様」や薩摩の「御奉行様」など薩摩藩の役人達は、これから毎日、川上式部の宿に集合することになってしまう。そのようなはずはなく、ここはアメリカ船が来航して、波之上の沖に碇をおろしたことをうけて、薩摩役人達はこの後、毎日集合しているはずなのである。

福地家日記史料群の中の一つであるこの日記は、前述したように現在は那覇市歴史博物館に寄託されており、次の頁に、日記の現物の写真を提示した。そして、それを翻刻したのが次の史料である。

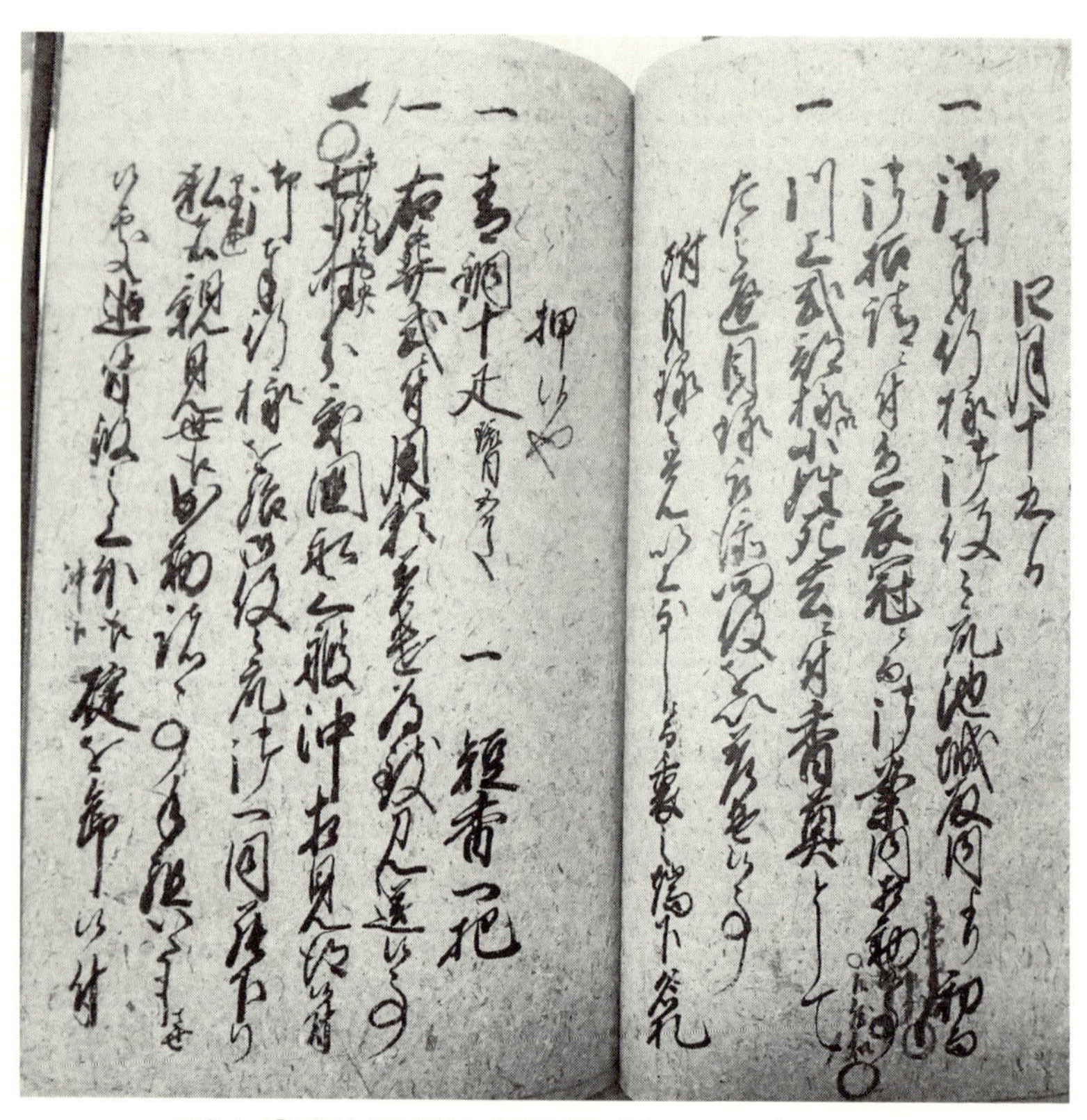

写真１　『御物城高里親雲上唯紀日記』咸豊３（1853）年４月19日条

（凡例　以下本書は全て同じ）

、（文字左傍）　朱墨で抹消された文字

・（文字左傍）　黒墨で抹消された文字

■　抹消文字のうち、塗抹され、元の文字が判読ができない場合

『　』　行間などに朱墨にて補書された文字の範囲

「　」　行間などに黒墨にて補書された文字の範囲

○　挿入符や文章の接続などを示す。底本にどおりに付した。

四月十九日

一、御奉行様御役々衆池城殿内より初而御招請ニ付、色衣冠ニ而御案内相勤候事。『候。然処○』『■■■■■■■』

一、川上式部様『御』小姓死去ニ付、香奠として左之通目録取添、問役を以差遣候事。

附、目録者、覚・以上なしニ而、裏之端下ニ名札押候也。

一、青銅十疋琉目五貫文　　一、短香一把

一、右葬式ニ付、用頼差遣為致見送候事。

『○御馳走央』

一、七ツ時分、異国船三艘沖相見得候付、御奉行様を始御役々衆御一同罷下り、『早速』私者親見世江出勤、諸

「○里主ハ物御宿若狭町村岸本筑登之宅江御出張、私者」

事手組いたさせ候処、追付波之上外『沖江』碇を卸候付、滞船中○沖寺江相詰候事。

『本文、異国船者亜米利翰国之』

附、あミりかん之船ニ而候也。　亜米利翰

『一、右付、川上式部様并御奉行様異国方御役々衆、毎日式部様御宿江御座立被成候事。』

記事には書き直しや訂正が幾度も行われており、『那覇市史』はそれらを勘案した結果の最終形を翻刻していたわけである。

これから右の史料を詳細に見てゆくにあたり、まずは一ヵ条のカウント方法を確認しておきたい。通常の一ヵ条を示す「一」は、それぞれのヵ条の先頭にあるが、香典の内容を示した「青銅十疋」と「短香一把」だけは縦一列で別の一つ書となっている。しかしこれはあくまで香典の中身であるため、併せて一ヵ条とカウントしておく。

その上で、右の史料を三つに分類してみたい。

①は「御奉行様」で始まる一ヵ条目から、「右葬式」に始まる四ヵ条目まで。ここは写真を見ていただければわかるように、黒墨で、しかも通常の大きさの文字で書かれている。次に②は、同じく黒墨、通常の大きさで書かれた五ヵ条目の「七ツ時分」以降と、五ヵ条目の中にだけ見られる、黒墨の小さな文字で書かれた補書部分。但しこの五ヵ条目は、後になってから、一つ書きの「一」が消されて、独立

条文ではなくなり、先頭の一ヵ条目とつなげられてしまっている。次に③は、朱墨で書かれた小さな文字。ここは狭いスペースに書かれたために文字が小さくなっている。後から書かれた補書であるため、狭いスペースしかなく、文字を小さく書かざるを得なかったのである。そして前に間違いと指摘した、「右のことについて、川上式部様ならびに御奉行様、(薩摩の)異国方御役々衆は、毎日式部様の宿に集まった」は、この③の中に含まれる朱墨での補書にあたる。

前に間違いと述べた理由をもう一度繰り返すと、「右のこと」は米国船来航のことでなくてはならないのに、『那覇市史』で見るとその右隣には葬式のことがきている、ということであったが、現物を見ると、まさしく右隣には、元々五ヵ条目であった、米国船来航記事がきていたわけである。つまり、元々五ヵ条目には米国船来航記事がきていたため、これをうけて、補書された六ヵ条目は「右のこと」としたわけであるが、その後、五ヵ条目を独立条文ではなくして、書き出しの「七ツ時分」という時間表記を「御馳走のなかば」へと変化させた上で、一ヵ条目にくっつけた。そのために「右のこと」に該当する条文が葬式のことになってしまうとの齟齬が生じてしまったということになる。

それでは再び補書された新五ヵ条目(元々は六ヵ条目)を見てみよう。「右のことについて、川上式部様ならびに御奉行様、(薩摩)異国方御役々衆は、毎日式部様の宿に集まった」とある。「毎日(中略)集まった」ということは、あたりまえだが、この十九日以後(米国船監視のため)連日集まったことを意味する。これは米国船が来航した十九日の段階では日記に書けないことである。つまり新五ヵ条目(元六ヵ条目)をはじめとする、③の朱墨で書かれた部分は後日の書き込みと訂正ということになる。

それでは①の一ヵ条目から四ヵ条目までと、②の五ヵ条目「七ツ時分」以降の部分の関係について続けて考えてみる。何故、日記の記主は五ヵ条目を一旦書き終わった後、一ヵ条目にくっつける作業を行ったのだろうか。それも一ヵ条目の終わりを「候。然処」と変更し、さらに五ヵ条目の頭を「御馳走央」と変更してまで文章をつないでいる。この変更は朱墨でなされているわけであるから、後日わざわざ変更したということになる。

よく見ると、一ヵ条目と五ヵ条目は日記の記主自身の経験が記されている。記主は当初御奉行様の案内役として首里に行ったのである。ところがその最中で米国船が来航したため、あわてて那覇にもどってきたわけである。それに対して、二ヵ条目から四ヵ条目までは葬式についての事案であり、記主本人はこれに参加していない。問役（といやく）という下級役人に命じて行わせたことである。だから、普通に考えれば、一ヵ条目と五ヵ条目がワンセット、二ヵ条目から四ヵ条目がワンセットというのは、ごくありふれた日記の記録の仕方であろう。

そうなるとさらに疑問が生まれる。そのような普通の感覚の記述方式を、なぜ当初は採用せず、一ヵ条目と五ヵ条目を分けて記述したのであろうか。疑問はさらに続く。元々五ヵ条目だった米国船来航記事を見ると、記主自身や薩摩役人などのあわてぶりが手に取るようにうかがえる。普通我々が日記をつける時、その日あった最大の出来事は、その日の記事の最初に書くはずである。なぜそれが五ヵ条目なのか。なぜ、米国船来航という重大事案が、記主自身も参加しなかった川上式部小姓の葬式記事の後になったのであろうか。

以上の疑問について考えるにあたり、次に、この日の記事をもう一度口語訳する。但し、今回は、後日朱墨で加筆・訂正された部分は無視して、当初の段階、すなわち黒墨で書かれている文章のみを口語訳している。読む際に、一ヵ条目から四ヵ条目までは、当日の出来事が終わった後でなくても、予定の段階ででも記述できる内容であることに注意しながら、もう一度読んでみていただきたい。

四月十九日

一、御奉行様（薩摩在番奉行）と（薩摩の）役人衆が池城殿内（どぅんち）より初めて御招待を受けたので、色衣冠（の正装）を着用して、（首里の池城殿内への）案内役を勤めた。

一、（薩摩役人の）川上式部様の小姓が死去したため、香典として左のとおり、目録を添えて、問役を以て進上した。

一、青銅十疋琉目五貫文　　一、短香一把

付けたり、目録には「覚・以上」は記さず、裏の端下に名前を書いた。

一、右の葬式について、用頼を遣わして見送りをした。

一、七ツ時分（午後四時頃）、異国船が三艘、沖に見えたので、御奉行様をはじめ（薩摩の）役人衆一同は（那覇へ）罷り下り、私は親見世（おやみせ）に出勤し、諸事の手配をさせていたところ、（異国船は）波之上の外に碇をおろしたので、滞船中里主（さとぬし）（那覇里主）は惣御宿若狭町村岸本筑登之（ちくどぅん）（岸本筑登之で人名）の邸宅へ出張され、私は沖寺（おきでら）（臨海寺（りんかいじ））に詰めた。

付けたり。（本文の異国船は）あみりかんの船である。

以上のように、一ヵ条目から四ヵ条目までは、予定の段階であっても書ける。ただ、書き方を過去形の文章にしておけば良いだけなのである。しかし五ヵ条目は異なる。この日が終わった後からでなければ絶対に書けない。そこで、この記事の成立過程は次のようなものであったと考えられる。

四月十九日、記主は御奉行様、すなわち在番奉行以下、薩摩役人達を池城殿内（いけぐすくどぅんち）まで案内する役目があった。しかし他方で、薩摩役人の川上式部の小姓の葬式も重なってしまった。そこで記主は、より重要な役務である在番奉行の案内役を自身で務め、小姓のような雑用役人の葬式は部下の問役に指示だけ出しておいた。この日は記主にとっては多忙な一日だったのであろう。後から日記を書かなくてもよいように、予定の段階で日記を記録しておいた。ところが、その案内の最中にペリーが来航してしまった。このような重大事案は日記に書かなくてはならない。そこで、事前に書いておいた四ヵ条目の後、まだ空白だった部分に、五ヵ条目としてペリー来航記事を記した。ここまでが全て黒墨で記述されている部分である。後日になってから、記主はペリー来航以後の警備体制を記述しておく必要を感じ、それを六ヵ条目に朱墨で書き加えた。この後日とは少なくとも、四月十九日条の次の記事、四月二十一日以降であったに違いない。既に日記には四月二十一日条が書かれていたため、六ヵ条目を書くには十分なスペースがなかった。そのため、六ヵ条目は行間に小さな文字にて補書する形になってしまった。さらにその後、全体を自身で検読したところ、一ヵ条目の案内記事と五ヵ条目のペリー来航記事はセットであるのがふさわしいことに気づく。そうすることで、時系列の変化がダイレクトにつながってくる。そのため、再度朱墨を用いて一ヵ条目と五ヵ条目をつないで、五ヵ条目を独立条文ではなくした。その結果、朱墨補書の六ヵ条目は新五ヵ条目になり、「右のこと」は直前の四ヵ条目の葬式のことになってしまった。

以上をまとめよう。①の一ヵ条目から四ヵ条目のしかも原文（文章変更前）は、案内も葬式もなかった段階、おそらくは前日なのであろう、予定の段階で記された。②の五ヵ条目の原文と黒墨で書かれた補書は四月十九日の夜、一日の終わりに記された。そして③の朱墨部分は後日の改変、ということになる。この日記の四月十九日条は以上の、少なくとも三段階に分けて記載されたものと考えられる。つまり、もともとこの四月十九日条の記事は、未来日記だったわけである。日記の記主は予定の段階で未来日記を書いておくことで、多忙な一日の仕事を少しだけ楽にしようとしたのかもしれない。しかし、その期待は見事なまでに破られてしまった。犯人は、あの有名なペリーである。全く予想もしていなかったペリーの来航によって、日記の記主は、記事の追加をせざるをえなくなった。それを後日、訂正したために齟齬が生じてしまったということになる。

二節　後日改変された下書き日記

前節で見たのは『御物城高里親雲上唯紀日記』であり、この日記は前掲『那覇市史』の目次では、第二章2の『日記』に該当する。他の日記との識別のため、本書では以後一貫して『御物城高里親雲上唯紀日記』と呼ぶ。記主の高里親雲上唯紀（たかさとぺーちんいき）は、日記筆録期間中、那覇を管轄する親見世（おやみせ）の統括役人、御物（おもの）

城の任にあり、その職務の一環として記録された公日記である。現在でいうところの業務日誌にあたる。琉球史に馴染みがないと、聞き馴れない用語のオンパレードであろう。それらがわからなくても、本書の内容を理解する上で大きな問題にはならないのだが、ここで、琉球における人名に関連する説明をしておきたい。

まず高里は家名、親雲上は位である。家名は領地する場所によって変化する。本書中で必要になってくればその都度繰り返し説明するが、高里親雲上唯紀の場合は、当初、金城であったものが、後に仲本へと変わり、最後に高里へと変化する。その子供は基本的に父親の家名を使用する。唯紀の息子、唯延の場合は、当初父の家名を使用して、同じく金城→仲本→高里となり、父の死後は最終的に福地になって、琉球処分を迎えることになる。これが現在の福地家である。血縁集団を表す言葉に、家名の他、氏名がある。前に、福地家には家譜『譜代貝姓家譜正統』が現存することを述べたが、福地家の氏名は貝氏である。家名が変化してゆくのに対し、氏名は変化しない。日本の事例で例えると、足利尊氏の場合の源にあたる。源と同様、日常的に使用されるものではなく、通常使用される呼称は家名の高里の方である。

次に位について説明する。位は筑登之→筑登之親雲上→親雲上と昇進してゆく家柄と、里之子→里之子親雲上→親雲上と昇進してゆく家柄があるが、本書がテーマとする福地家は前者の方である。家柄によって親雲上の後、親方まで昇進する者もおり、親方は王族以外での最上位にあたる。反対に本書で登場する最下位の位は子であり、これは筑登之や里之子になる前の位である。唯紀や唯延などは名乗であり、これは日本と同じである。足利尊氏の場合は尊氏にあたる。そして、家名と位と名乗を併せて個人が識別されることになる。

改めて説明を『御物城高里親雲上唯紀日記』にもどそう。この日記は田里修氏執筆の『那覇市史』「解題二」では、「唯紀の写したもの、ないし手になるものか」とされている。また福地家には唯紀子息の唯延（いえん）が、同じく御物城在任中に記した業務日誌『御物城高里親雲上唯延日記』なる、全く同種の日記も現存し、こちらの方は那覇市歴史博物館編『家譜でひも解く士族の世界』にて「高里親雲上唯延が、御物城に就いた際の業務日誌の写本」と解説されている。本来、職務遂行のための公日記（業務日誌）が、個人の手許に残ることはない。それは親見世にて管理され、必要に応じて、後任御物城が業務遂行のために使用してゆくものである。その日記が、福地家に伝来している理由として、親見世にある原本を書写したものと考えたのであろう。ところが前に見たように、ペリー来航の当日、咸豊三（一八五三）年四月十九日条は、その日以前、事前に書かれた未来日記であった。つまり、前節の「ペリーがやってきた」と『那覇市史』「解題」の見解は矛盾していることになる。そこで、もう少し詳しくこの日記を見てゆきたい。

この日記の冒頭は咸豊二（一八五二）年二月一日、記主唯紀が御物城に就任した日から始まる。その日の記事をまずは『那覇市史』から引用しよう。

一、請、御物城仲宗根親雲上跡役

言上写

泉崎村嫡子
金城筑登之親雲上

（中略）

言上写

一、請、南風原間切仲本之名島

泉崎村嫡子
金城筑登之親雲上

（中略）

一、右言上写両通問役持参有之候付、広間江招入頂戴之。左候而相伴壱人罷出、茶菓子・吸物壱ツ・取肴壱ツ・焼酎致馳走。引出物弐本入扇子一箱。佐事者弐番座ニ而吸物壱ツ、引出物銭弐貫文相進候事。

（付文省略）

一、先役ゟ日記三拾六冊　給人帳壱冊・野菜肴代付帳壱さつ、次渡請取候事。

外、我那覇親雲上下巻日記壱さつ、いまた清書不相調由ニ而、次渡無之候也。

（後略）

前に説明した個人の呼称の変化を具体的に説明できる史料でもあり、次に口語訳しておこう。

言上写

一、御物城仲宗根親雲上の後任を請う

泉崎村嫡子
金城筑登之親雲上

（中略）

言上写

一、南風原間切仲本之名島を請う

泉崎村嫡子
金城筑登之親雲上

（中略）

一、右の言上写二通を問役（といやく）が持参したため、広間へ招き入れて頂戴した。そうして付き人一人が進み出て、茶菓子・吸物一つ・取肴一つ・焼酎を馳走した。引出物は二本入りの扇子を一箱。佐事（さじ）には二番座で吸物一つ、引出物として銭二貫文を与えた。

（付文省略）

一、先役よりの日記三十六冊　給人帳一冊・野菜肴代付帳一冊、引き継ぎをして受け取った。それ以外に、（御物城）我那覇親雲上（がなはぺーちん）の下巻の日記一冊は、まだ清書が調わないということで引き継ぎがなかった。

（後略）

ここで登場してくる金城　筑登之親雲上（きんじょうちくどぅんぺーちん）が唯紀（いき）である。前にも述べたように、琉球士族の家名は領地する場所によって変化する。彼はこの咸豊二（一八五二）年二月一日まで金城筑登之親雲上であった。しかしこの日、右の「言上写」に見えるように、御物城に就任すると同時に仲本の名島（例外的に地頭地を伴わない名目上の家名）を賜る。そのためこの日以後、仲本親雲上と呼ばれるようになる。

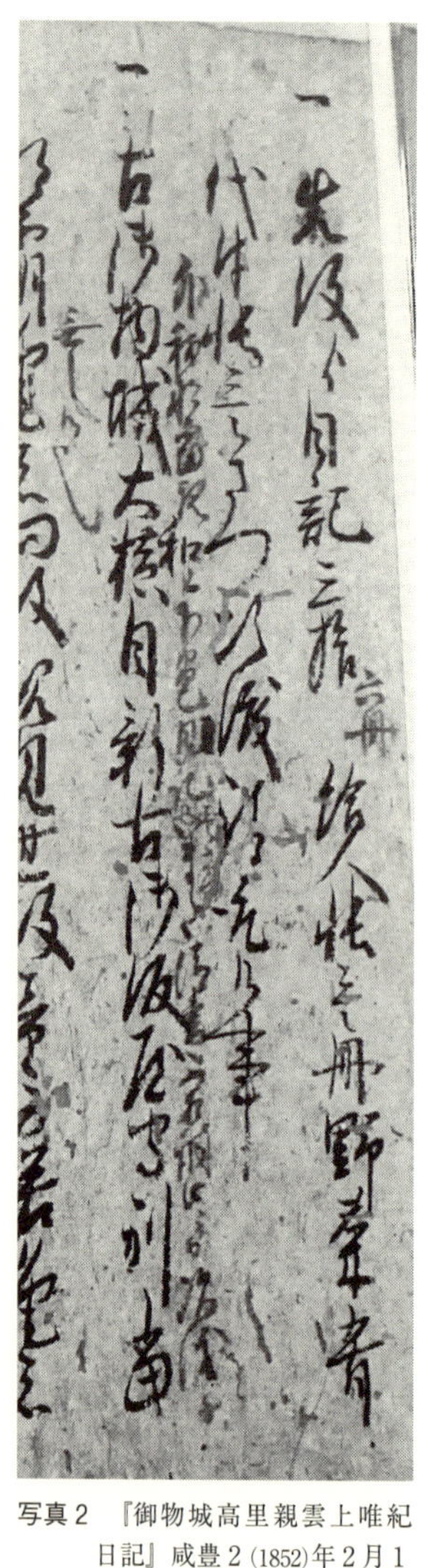

写真2　『御物城高里親雲上唯紀日記』咸豊2(1852)年2月1日条4ヵ条目

さて本論に入りたい。『那覇市史』の翻刻では四ヵ条目の「日記三拾六冊」の下に意味不明の欠字（空白部分）があるのだが、現物を見ると四ヵ条目は次のとおりになっている。写真も右に提示しておく。

一、先役ゟ日記三拾『六冊』給人帳壱冊・野菜肴代付帳壱さつ、次渡請取候事。
『外、我那覇親雲上下巻日記壱さつ、いまた清書不相調由ニ而、次渡無之候也。』

「六冊」と最後の一行は朱墨にて行間に小さく補書された文字である。記主は何故に、当初「三拾」の下にスペースを作り、後からその脇に「六冊」を補書したのかを考えてみたい。考えられる理由は次のとおりであろう。

唯紀が御物城に就任した初日に引き継ぎした「先役よりの日記」とは、当然ながら歴代の御物城が記してきた公日記（業務日誌）、御物城日記である。ところが、この日の記事を書いた段階で、引き継ぎした「先役よりの日記」の冊数は確定していなかった。そこで記主唯紀は、後日日記の冊数が確定した段階で書き込みを加えられるように、「三拾」の下にスペースを空けた。ところが、我那覇親雲上（がなはぺーちん）日記の下巻は清書が調っていないという理由で結局引き継ぎされなかった。おそらく「清書が調っていない」は表向きの理由で、実は紛失であり、唯紀の任期中最後まで引き継ぎされることはなかったと思われる。そもそも唯紀の前任御物城は、前掲史料「言上写」に見えるように、我那覇親雲上ではなく、仲宗根（なかそね）親雲上である。御物城の任期は二年であり、福地家日記史料群の御物城日記を見ると、上巻は任命初日（二月一日）から同年末まで、下巻は二年度目の正月一日から任期終了までとなっている。前任御物城である仲宗根親雲上（なかそねぺーちん）の下巻日記の清書が間に合っていないのであればまだしも、それ以前の御物城の日記の清書が終わっていないなどありえない。また、詳細は後述するものの、我那覇親雲上日記の下巻は、この後、唯紀の子息唯延（いえん）が御物城に就任した、二十年後の同治十一（一八七二）年になっても「外、我那覇親雲上下巻日記壱冊清書不相調由ニ而、次渡無之候」（『御物城高里親雲上唯延日記』同年二月一日条抹消記事。抹消記事ゆえ『那覇市史』は翻刻していない）とされている。つまりこの後二十年経過しても、清書はまだ調っていなかったわけである。唯紀の任期中、最後まで我那覇親雲上の下巻日記は引き継ぎされることなく終わった。引き継ぎされた確定冊数は我那覇日記を除いた三十六冊となった。それが確定した段階、おそらくは任期の終わり頃になって、記主唯紀は朱墨にて「三拾」下のスペース脇に「六冊」を加えて確定冊数を三十六冊とし、さらに行間に引き継ぎされなかった我那覇親雲上日記の下巻情報を記したのである。

以上のように見てくると、「三拾」をはじめとする黒墨で書かれた記事は、当日に記されていなければならないことになる。役所（親見世）にある日記を書写したのでは、このようなケースは絶対にあり得ない。福地家に残されたこの日記は、誤りなく自筆本である。だから、前節で見たように、ペリーが来航した日の一部記事は、事前に書いた未来日記になっていたわけである。

それでは、本来役所に提出しなければならないはずの日記が、なぜ福地家に残されたのだろうか。前に見たように、我那覇親雲上の日記は清書が調わないとの理由で引き継ぎされなかった。つまり、後任の御物城に引き継ぎされる日記、すなわち役所に提出される日記は清書本ということになる。日記を清書するためには、その下書きがなくてはならない。つまり、福地家に残されたものは、後に清書されることを前提に書かれた段階のもの、下書きの日記なのである。まさしくリアルタイムに記された（といっても事前に書かれた部分や、後日補書された部分もあるが）、正真正銘の原本であり、オリジナルの日記なのである。現存しない、親見世に残されていたはずの清書本ですら、この原本を書写した写本ということになる。戦争のさなか、福地唯義氏が命がけで護ったこの日記はそれほどまでに史料的価値が高いものということになる。

また、この日記が下書きの日記であることがわかると、特に本書第五章「福地家日記史料群の性格」にて大きな意味を持ってくるのが料紙の問題である。一度文書などに使用した紙の裏面、すなわち何も書かれていない面を再利用して日記などを書いた場合、表裏が逆転して、当初の文書裏面が日記の表面となり、当初の文書表面は逆に日記の裏面になる。このような、日記などの裏面に残る文書を紙背文書と呼ぶのだが、この『御物城高里親雲上唯紀日記』には紙背文書がない。このことは、この日記の料紙がこの日記を書くために準備されたものであることを意味する。そしてその料紙は芭蕉紙（ばしょうし）である。芭蕉紙は一般に低質の紙とされ、楮紙（ちょし）と比較すると保存に適さず、見栄えもよくない。よって永続的効力を期待される役所の日記としては不適格な料紙といってよい。その芭蕉紙が使用されているのは、当初からこの日記が下書き用として、清書されるまでの時限的効力を担っていたからに他ならない。親見世の統括役人、御物城には、日記の下書き用として、それ専用に芭蕉紙が配布されていたと考えられる。

現存する福地家所蔵の『御物城高里親雲上唯紀日記』は下書き用であったために、これまでに見てきたように、書き直しや補書が多くあり、生々しさがダイレクトに伝わってくる。例えば本書一四ページに掲げた『御物城高里親雲上唯紀日記』咸豊三（一八五三）年四月十九日条の抹消文字「あミりかん船ニ而候也」の下に書かれた「亜米利翰」は、正しくは日記の記事ではない。初めて知るアメリカの文字を、記事に書く前に練習したのである。記主にとっては未知との遭遇であった状況が、生々しく伝わってくる。

親見世にあった日記は、王国解体後、沖縄県立図書館に移されたという。そしてそれらは全て、戦争によって灰燼に帰した。戦争さえなければ残っていたであろう親見世の御物城日記は全てが失われた。しかしそれは清書本であり、リアルタイムで書かれた下書き日記に、後日になって幾度もの訂正が加えられ、それを底本として清書された上で完成したものである。清書されたものは、後から見ると、どこをどう訂正したのかわからなくなってしまう。しかし、福地家に残された『御物城高里親雲上唯紀日記』は下書き本であるが故に、下書きから清書へと向かってゆく時系列の記事の変化がダイレクトにわかってくる。そこから訂正した記主の意図を読み取ることができる。或いは記主の心情を読み解くことができる、極めて貴重な日記なのである。

三節　相互に連動する親見世の日記

前に見た咸豊三（一八五三）年四月十九日条、ペリーの来航以後、『御物城高里親雲上唯紀日記』では、頻繁に米国船来・出航記事が登場するようになる。その一例を咸豊四（一八五四）年正月十日条に見てみよう。以後、特に必要でない場合は、抹消文字情報や補書情報・墨色情報などは入れず、単に文字情報だけを提示してゆくことにする。

正月十日

一、亜米利幹国火輪せん三艘致出帆候事。

一、

佐敷按司加那志様此間ゟ之御不例極々御大切御成被遊候間、其段御仮屋方可申上旨表御方ゟ御問合到来付、川上式部様并御在番所・産物御目附衆者私ゟ申上、定式産物方・異国方御役々衆・足軽迄那覇筆者を以申上させ候処、無間も被遊薨御候段、御鎖之側御下り、式部様并御在番所御届被申上置候間、余之御役々衆・足軽者、此方ゟ御届相成候様、可取計旨被仰聞候付、御銘々那覇筆者を以御届申上させ候。委細之儀者那覇筆者日記ニ相見得候事。

口語訳は次のとおりである。

一、米国船が三隻出港した。

一、佐敷按司順徳（尚泰王祖母で尚灝王妃）の病状が重篤になったため、その旨を、御仮屋（薩摩藩在番奉行所）に伝えるように首里王府からの指示があり、川上式部様と在番所と産物方目付衆へは私（御物城唯紀）から申しあげ、定式産物方・異国方の役人達と足軽へは那覇筆者から申しあげさせた。そのところ、まもなく亡くなられたということを、御鎖之側が（首里より）下ってきて、式部様と在番所へは報告したので、他の（薩摩藩の）役人達と足軽へは、こちら（親見世）から報告するようにとの指示があった。そのため、それぞれへ那覇筆者に報告させた。詳細は那覇筆者日記に記してある。

記事最末にある「詳細は那覇筆者日記に記してある」との表記は、この後本書でも度々登場してくるが、それ以外でもかなり多く『御物城高里親雲上唯紀日記』に見られる。すなわち、御物城日記は「那覇筆者日記」と連動して作成・機能しているわけである。それではこの「那覇筆者日記」とは何かについて見てゆこう。

福地家日記史料群の中で注目されるのは次の三つの日記であり、以下にその表紙を掲げる。まずは『親見世日記』道光二十五（一八四五）年記である。三二ページに写真3として提示してある。

道光弐拾五年乙巳　　里主　摩文仁親雲上
弘化二年　　御物城　屋我親雲上㊞

日記　上

仮御物城　岸本親雲上㊞
那覇筆者　渡慶次筑登之㊞
同　金城筑登之㊞
同仮筆者　川上筑登之
同寄筆者　志良堂筑登之㊞
同　与座子㊞
寄那覇筆者　山元筑登之親雲上
同　屋嘉部里之子親雲上㊞
同　伊集筑登之親雲上
同　宮里筑登之
同　山里筑登之

正月ゟ六月迄

次に『異国日記』道光三十（一八五〇）年記を掲げる。三三二ページに写真4として提示してある。

道光三拾年庚戌

里主　小禄親雲上
御物城　潮平親雲上㊞
新里主　喜屋武親雲上㊞
二月十五日ゟ仲宗根与改名同御物城　久場親雲上
那覇筆者　仲村渠筑登之㊞

異国日記

同　板良敷筑登之㊞
同仮筆者　比嘉筑登之㊞
同寄筆者　富永筑登之
同　吉元里之子親雲上

最後に『産物方日記』道光三十（一八五〇）年記、三四ページの写真5である。

道光三拾年戌
嘉永三年
産物方日記
正月ゟ十二月迄

古里主　小禄親雲上
同御物城　潮平親雲上
新里主　喜屋武親雲上
同御物城二月十五日ゟ仲宗根与改名　久場親雲上
那覇筆者　仲村渠筑登之
同　板良敷筑登之
同仮筆者　比嘉筑登之
同寄筆者　富永筑登之
同　吉元里之子親雲上
同十二月ゟ　金城筑登之

『親見世日記』のみ年次が異なり道光二十五（一八四五）年となっているが、『異国日記』と『産物方日記』はともに道光三十（一八五〇）年の同じ年のものである。ここで若干補足説明を入れておきたい。

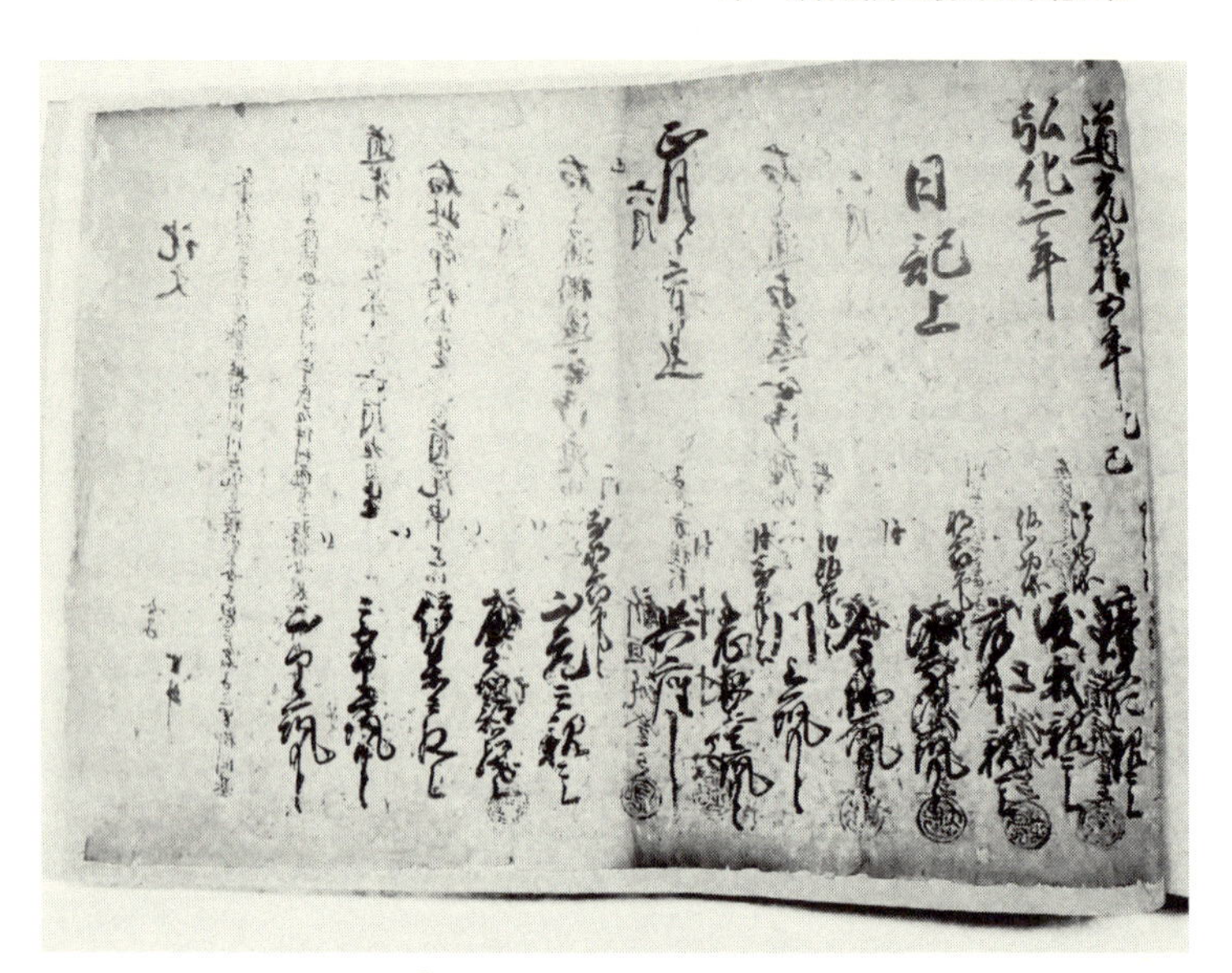
弘化二年
日記上

写真３　『親見世日記』道光25（1845）年記上巻表紙

これまでにも何度か述べたように、那覇を管轄する役所が親見世であり、その統括役人として那覇里主と御物城がいる。例えば『異国日記』の表紙には里主（那覇里主）と御物城の他に、新里主と同（新）御物城が連署しているが、これは親見世を統括する両職が、任期二年で、通常の場合二月一日付で役職交代するためである。従ってこの場合は、那覇里主では正月末日までが小禄親雲上の担当で、二月一日からは喜屋武親雲上が担当することになる。『産物方日記』も同じ。これに対して『親見世日記』の方では新旧の那覇里主・御物城が見えないが、これは前述したように、両職が任期二年であることによる。すなわち道光二十五（一八四五）年中には、里主摩文仁親雲上・御物城屋我親雲上ともに交代がなかった。彼らの任期終了は翌二十六年である。

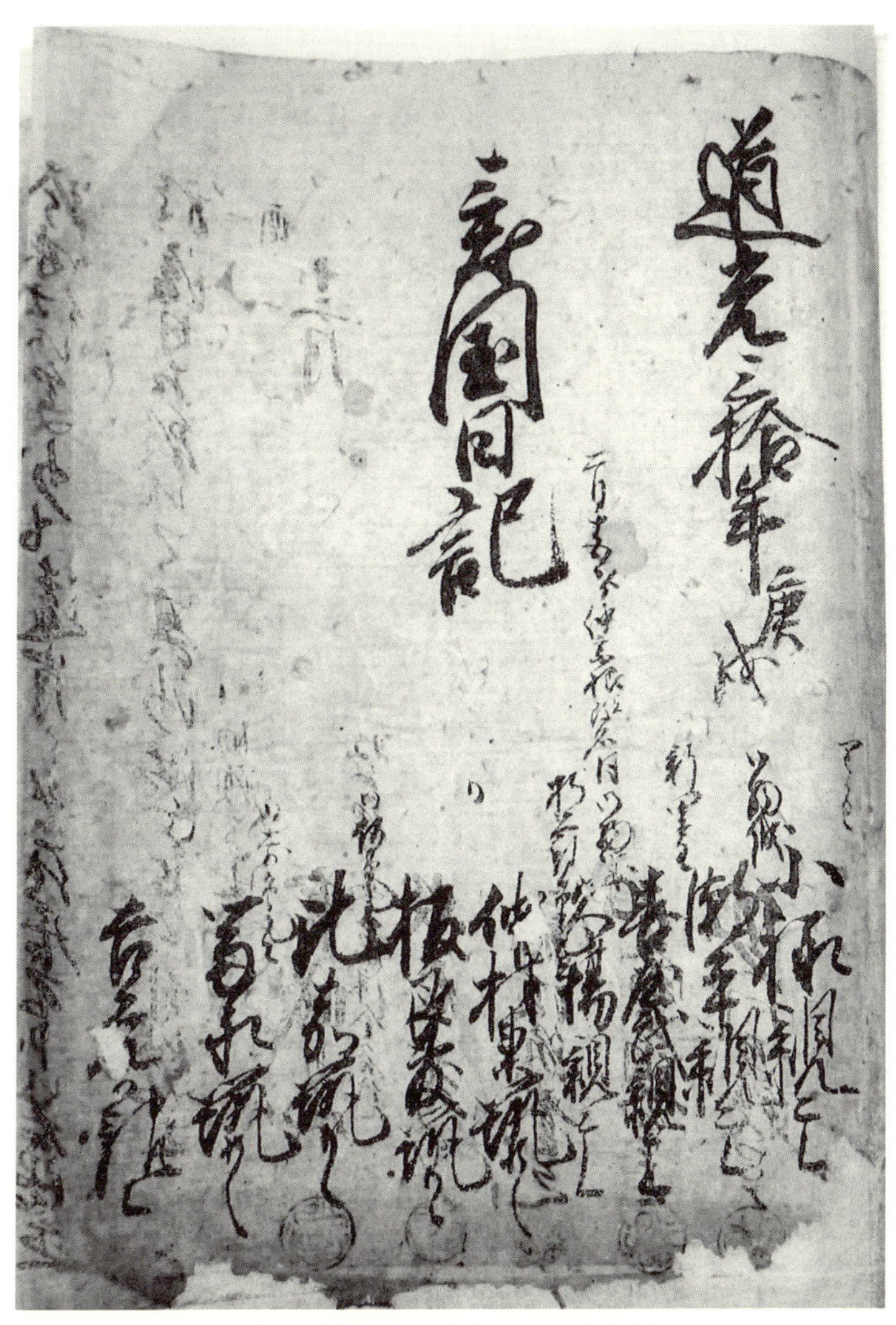

写真４　『異国日記』道光30（1850）年記表紙

写真５　『産物方日記』道光30（1850）年記表紙

以降二年毎に交代があるため、前に見たように道光三十（一八五〇）年では途中で交代があった、ということになる。

これらの三つの日記は、仮役（かりやく）や寄役（よせやく）などの補助役人の記名もあるが、基本的に里主・御物城・那覇筆者によって作成されている。特に同年のものとなる『異国日記』と『産物方日記』とでは、全て同じ名前が連なっており、両者の相違は、『産物方日記』のみに、同年末の十二月に那覇寄筆者に就任した金城筑登之（ちくどぅん）が見えるに過ぎない。小野まさ子氏執筆『那覇市史』第一章「解説」にても説明されているように、まさしく親見世の総体制で対応し、日記が記録されているわけである。

ところで、本節の目的は「那覇筆者日記」とは何かであった。「那覇筆者日記」であるから、那覇筆者が記録する日記と見てよいであろう。これまで『御物城高里親雲上唯紀日記』を見てきたように、御物城が執筆する日記は、『親見世日記』以下の三日記とは別に存在している。那覇里主の日記について、詳細は後述するのもの、『那覇市史』目次第一章1の『日記』がこれに該当し、これも別に存在する。となれば、これら三日記に連署している里主と御物城はあくまで統括役人としての責任の所在を示すものであり、事実上の記録者は那覇筆者と見て誤りない。

それでは史料上に見える「那覇筆者日記」は、『親見世日記』『異国日記』『産物方日記』全てを指すとみなすことができるのか、つづけて見てゆこう。まず上述三日記の基本的な相違を『那覇市史』「解説」を参考にしつつ説明しておく。

『親見世日記』は那覇を管轄する親見世の日記であり、那覇の行政関連・事件関連・親見世人事関連・異国関連など、記載内容はまさしく多岐に亘る。違和感のない普通の日記と思っていただいて差し支えない。

『異国日記』や『産物方日記』などと異なる大きな特徴は、通常の日記と同じく、記事の冒頭に必ず日付が書かれる点である。日付が必ずある点が特徴というと、当たり前の話しのように思われるかもしれない。しかし実は『異国日記』や『産物方日記』は、多くの場合、日付が書かれていない。行政文書などが、日付もなく突然書写されている場合が多い、違和感満載の日記である。日付がない、文書を書写しただけのものを日記と呼べるのか、という至極当然な疑問が生じてこようが、地の文（日記の本文）が書かれる場合もあり、その時にはきちんと日付がある。これらは単なる文書の写しではなく、やはり日記なのである。日付がない場合には、書写された文書の末尾に文書自体の差出日が必ずある。そうしないと最早、記録者自身もいつのものかわからなくなってしまうから、当然といえば当然であろう。本書では日付が書かれている場合は通常の日記と同じように扱うが、日付がない場合には「（日付の立項なし）」を明記した上で、文書差出日をもって「〇月〇日条」としておきたい。

何故、日記なのに日付がないのかといえば、この問題は後に本書中で詳しく検討してゆくが、いまここで結論だけ述べると、日付を書いてしまうと記載内容に矛盾が生じてしまう場合があるためと考えられる。とにかくそれは後述するとして、次に『異国日記』と『産物方日記』の記載内容の説明に移ろう。

『異国日記』は、異国監視、ならびに同監視役薩摩役人の業務補助の日記であり、『産物方日記』は、中国貿易との関係で重要になる鬱金（うこん）・海人草（かいじんそう）・昆布などの監視、ならびに同監視役薩摩役人の業務補助の日記である。鬱金や海人草はともかく、昆布が琉球で採れるはずがない。これは中国貿易との関係で、北海道から回送されてくるものである。重要な輸出品として監視対象となっているわけである。

さて、論点を本題に戻したい。本題は、「那覇筆者日記」は『親見世日記』『異国日記』『産物方日記』全てを指すとみなすことができるのかであった。まずは『御物城高里親雲上唯紀日記』咸豊二（一八五二）年五月十六日条を見てみよう。

五月十六日

（中略）

一、異国方御代官伊集院次左衛門殿被致病死候付、親見世江出張致諸手組候。委細之儀者那覇筆者日記ニ相見得候事。

口語訳は次のとおりとなる。

一、（薩摩の）異国方代官伊集院次左衛門が病死したため、（私は）親見世に出勤し、諸事の手配をした。詳細は那覇筆者日記に記してある。

この事案は異国監視役薩摩役人の死亡であるから、ここでいう「那覇筆者日記」は『異国日記』と考えて誤りない。

また『御物城高里親雲上唯紀日記』咸豊三（一八五三）年四月五日条には次の記述がある。

四月五日

（中略）

一、産物方新御横目野元一納右衛門殿・同足軽永井元之丞御乗船、本部間切瀬底浦汐掛、陸御通ニ而、今日那覇御到着被成筈之段、表御方ゟ御問合到来ニ付、御鎖之側・大和横目・御兵具当一同、於御いへかま前御迎仕、夫より一納右衛門殿御宿参上、直ニ御祝儀申上、足軽江者名札を以祝詞申入、左候而一納右衛門殿御先役門松覚兵衛殿江も御祝儀申上候。委細之儀者、那覇筆者方日記ニ相見得候事。

口語訳は次のとおり。

一、（薩摩の）産物方新横目の野元一納右衛門と同足軽の永井元之丞の乗船が、本部間切の瀬底島に座礁したため、陸路にて今日那覇に到着するはずであるとの、表御方（首里王府評定所）よりの報告がきたため、御鎖之側・大和横目・御兵具当一同は、御いべかま（拝所）の前でお迎えし、その後、野元の宿に参上、直接祝儀を申し上げ、足軽永井へは名札を差し出して祝詞を申し入れ、野元の前任である門松覚兵衛へも祝儀を申し上げた。詳細は那覇筆者日記に記してある。

ここでは薩摩産物方新役人の到着一件であるから、ここでいう「那覇筆者日記」は『産物方日記』と考えて問題ない。

さらに『御物城高里親雲上唯紀日記』咸豊二（一八五二）年三月十日条を見る。

三月十日

一、当時世上疫癘相時行、死人多相出来候付、風気相去候様、諸所御祈願可仕旨被仰渡候付、色衣冠ニ而五ツ時前、里主所江相揃、一七人ニ而御祈願所参詣、御立願相勤、済而登城、下こをり当御取次首尾申上、御月番之三司官衆御宅参上、御与力御取次首尾申上候事。

附、委細之儀者、那覇筆者日記ニ相見得候事。

口語訳を次に示す。

一、現在、世上では疫病が蔓延し、死者が多く出ているため、悪気が立ち去るように、諸所にて祈願するように仰せ渡されたため、色衣冠（の正装）にて五つ時前（朝八時前）に那覇里主の宿舎に集合し、七人一組で祈願所に参詣、立願が終わって（首里）城に登り、下こおり当の取り次ぎで（国王へ）報告し、月番の三司官の邸宅に参り、与力の取り次ぎで報告した。詳細は那覇筆者日記に記してある。

ここでは、異国方の事案でも産物方の事案でもない。那覇の行政に関わる問題である。となればここでの「那覇筆者日記」は『親見世日記』となる。

「那覇筆者日記」とは、福地家日記史料群に現存するものの中では、『親見世日記』『異国日記』『産物方日記』を指す呼称であり、これらは複数人体制で勤務している那覇筆者が分担・交代しながら記録する日記で、ワンセットのものなのである。以上を確認した上で、次章では「那覇筆者日記」をさらに掘り下げて検討してゆきたい。

二章　那覇筆者日記

一節　親見世日記

前章では福地家日記史料群のうち、特に『御物城高里親雲上唯紀日記』をとりあげ、それが従来考えられていたような、役所の日記の写しではなく、オリジナルの下書きであること、その御物城日記は、那覇筆者日記と連動して作成・機能していること、史料上に見られる「那覇筆者日記」とは、福地家に現存する日記の中では、『親見世日記』『異国日記』『産物方日記』を指すことを述べた。

ところで、福地家所蔵の『親見世日記』『異国日記』『産物方日記』は、『那覇市史』「解説」では、全てが『御物城高里親雲上唯紀日記』同様、那覇を管轄する役所、親見世のものを書写したものとされている。しかしながら、実際には『御物城高里親雲上唯紀日記』の場合は異なっていた。となれば、『親見世日記』『異国日記』『産物方日記』についても再検討してゆく必要が生まれてこよう。そこで本章では、福地家が所蔵する上記三つの日記、すなわち「那覇筆者日記」について、それが役所の日記の写本なのか否かを再検討してゆきたい。

まずは『親見世日記』から始めよう。これが写本であるか否かについての従来の見解は、豊見山和行氏執筆『那覇市史』第二章「解説」にて示されている。『親見世日記』にかかる部分を確認しておきたい。

「(親見世)日記上」は、道光二十五(四五)年正月から同年六月までの記載内容である。唯延(金城筑登之)が親見世の一員として那覇筆者在職中の職務状況を一部書写したものである。

さて、この問題を検討するにあたり、はじめに見てゆきたいのは『親見世日記』の表紙である。これは前章でも掲載したのだが、重要論点となるため再掲しておく。また、この表紙の写真は三二ページに提示してあることも再度確認しておく。なお、史料中の傍線は筆者が引いている。

道光弐拾五年乙巳
弘化二年

日記　上

里主　摩文仁親雲上
御物城　屋我親雲上㊞
仮御物城　岸本親雲上㊞
那覇筆者　渡慶次筑登之㊞
同　金城筑登之㊞
同仮筆者　川上筑登之
同寄筆者　志良堂筑登之㊞
同　与座子㊞
寄那覇筆者　山元筑登之親雲上
同　屋嘉部里之子親雲上㊞

同　伊集筑登之親雲上

正月ゟ六月迄　同　宮里筑登之

同　山里筑登之

豊見山氏「解説」では、右史料中、傍線部の金城筑登之を、唯紀嫡子の唯延と比定した上で、その唯延書写本と考えたわけである。この人名比定自体に問題はない。道光二十五（一八四五）年時点での唯延の呼称は誤りなく金城筑登之である。『親見世日記』は、本来であれば親見世に残されるべきものである。それが福地家に伝来しているということは、親見世のものを、この時点で那覇筆者であった金城筑登之唯延が書写したため、と考えたのであろう。

ところで、『那覇市史』による翻刻では、御物城屋我親雲上以下に印があったことを明示していないのだが、本書三二ページで示した写真を見て頂けるとわかるように、明確に印が捺されている。福地家所蔵の『親見世日記』を唯延書写本とするのであれば、唯延は自家保存用に書写した日記に、わざわざ御物城屋我親雲上以下から印をもらってまわったことになり、そのような可能性は考えられない。日記に記録者自身の捺印があるということは、その日記が原物であることを示すなによりの証拠といって良い。

また表紙の直後、『親見世日記』道光二十五年記の冒頭には、これも『那覇市史』で翻刻されていない次の書き込みがある。これは写真6として次のページで提示した。

道光弐拾五年乙巳正月ゟ六月迄
「弘化二年」
・天保拾六年・

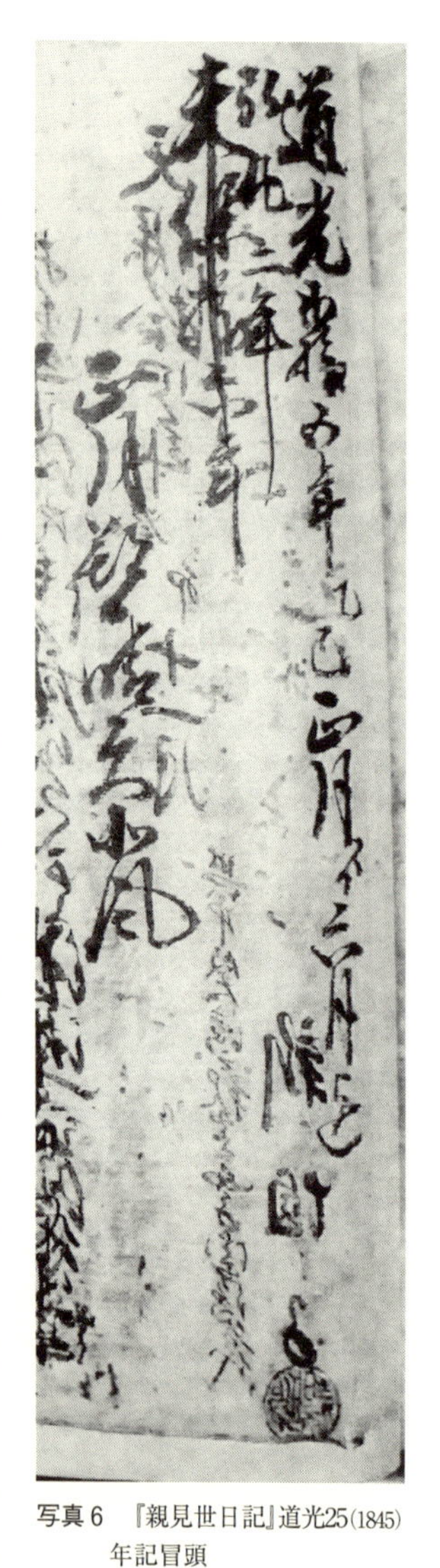
写真６　『親見世日記』道光25(1845)年記冒頭

一旦「天保拾六年」と書いた上で、それを黒墨で抹消し、「弘化二年」と行間に書き直ししているのである。何故このような事態になったのかは、『親見世日記』道光二十五（一八四五）年二月十四日条に書写された次の文書を見ればわかる。

二月十四日雨天北風

（中略）

「本文、四町村地頭江触渡させ候也」
大和年号、天保十五年□□弘化与被相改候□□□□付申□用□□用候様可被申渡候。以上。

二月十四日　　　　三司官

御物奉行

申口

右之通被仰渡候間、那覇中不洩可被申渡候。以上。

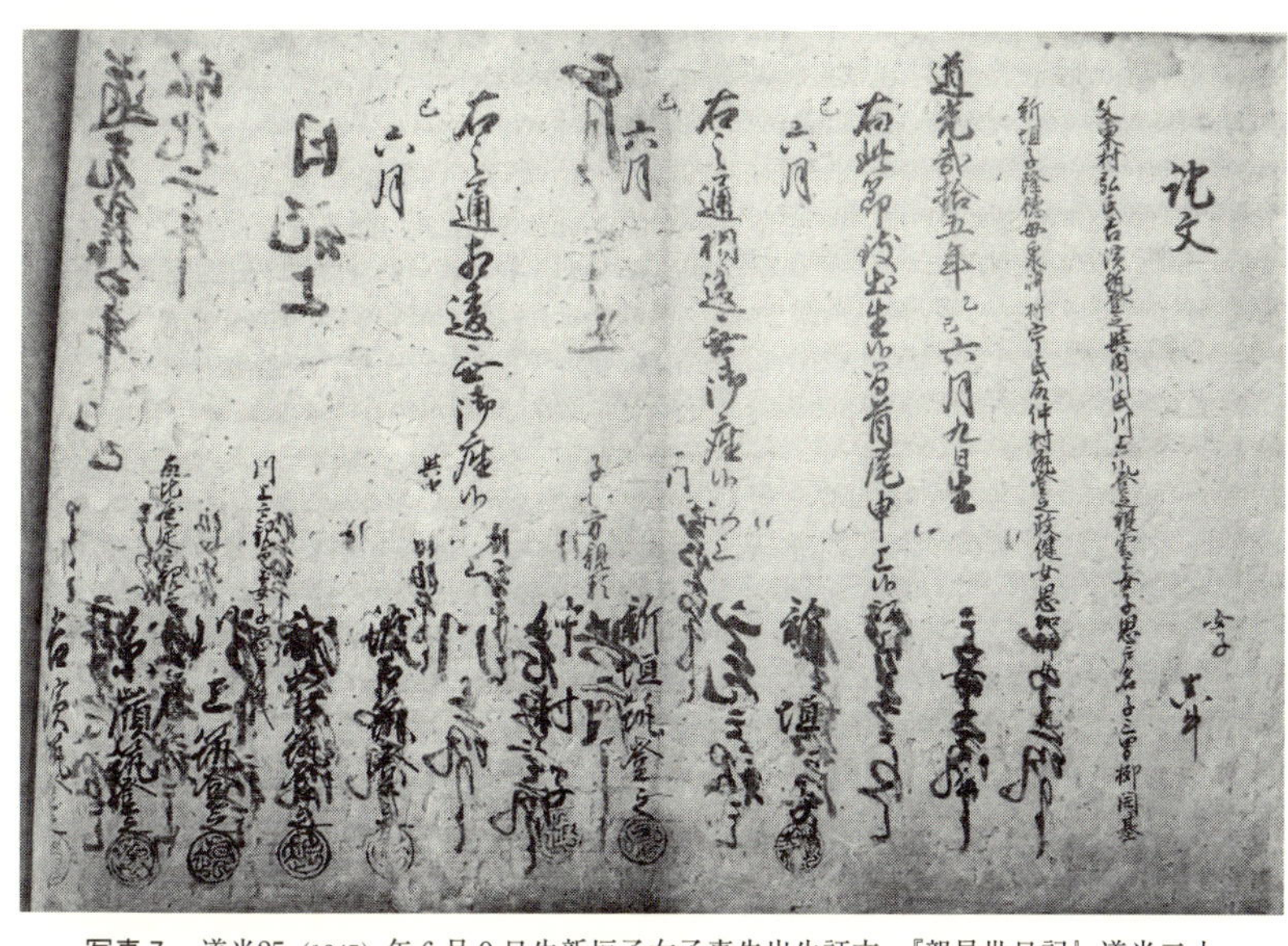

写真７　道光25（1845）年６月９日生新垣子女子真牛出生証文　『親見世日記』道光二十五年記表紙紙背

二月十四日　　島袋親雲上

里主　御物城

判読不能の文字が多くあるものの、大和（日本）年号が天保十五年より弘化と改元されたことを伝え、今後はこれを用いること、これを那覇中洩らさず通達することを命じた内容が記されている。日付はともに二月十四日付である。すなわち、琉球側は道光二十五年、日本年号で弘化二年の二月十四日まで、前年に弘化改元があったことを知らなかったわけである。『親見世日記』道光二十五年記を書き始めた同年正月一日の段階では、琉球での一八四五年は、日本年号で天保十六年であった。それが同年二月十四日から弘化二年に変わったのである。福地家が所蔵する『親見世日記』道光二十五年記冒頭に当初「天保拾六年」が使用され、それが抹消された後、行間に「弘化二年」と改められていることは、この日記が写本ではないことを端的に示している。福地家所蔵『親見世日記』もまた『御物城高里親雲上唯紀日記』と同様、日ごとに書き継がれたオリジナルの日記なのである。

ところで、三二ページにて示したように、この日記の表紙には「道光弐拾五年」と「弘化二年」は記されるものの、「天保十六年」の抹消文字はなかった。なぜ表紙と中身冒頭とで矛盾するのか、次にこの点について検討してゆこう。

本書三二ページで提示した写真、『親見世日記』道光二十五年記表紙をよく見ると、裏側が透けて、裏面にも文字が書かれている様子がわかる。前にも述べたように、これら日記などの裏面に残る文書を紙背文書と呼ぶ。ここで『親見世日記』道光二十五年記表紙紙背文書を次に提示する。写真は四五ページで、写真7として提示している。

証文　　女子真牛

父東村弘氏吉浜筑登之与内川氏川上筑登之親雲上女子思戸名子三男柳開基新垣子隆徳、母泉崎村宇氏故仲村筑登之政健女思加那女子□

道光弐拾五年乙巳六月九日生　　女子真牛

右、此節致出生候間、首尾申上候。以上。

巳六月　　新垣子㊞

右之通相違無御座候。以上。

巳六月　　一門　新垣筑登之㊞

右之通相違無御座候。以上。

巳六月

子母方親類　仲村子㊞

与中　渡口筑登之㊞

我如古筑登之㊞

川上筑登之親雲上女子思戸名代　川上筑登之㊞

故比屋定筑登之親雲上女子真□名代　糸嶺筑登之㊞

吉浜筑登之㊞

紙背は道光二十五年六月九日に生まれた新垣子（あらかきし）女子真牛生子証文である。捺印もあり文書は正文である。そしてこれは、道光二十五年六月に提出された生子証文が反故になった後で、この日記、すなわち「道光弐拾五年乙巳正月ゟ六月迄」の上巻表紙の料紙になったことを意味している。道光二十五年正月から六月までを記録したこの日記の表紙は、日記全体を書き終わった後で作成されたのである。そして前に見たように、六月終了以前の二月十四日の段階で弘化改元情報は既に琉球に伝わっていた。だから表紙には「天保十六年」の抹消文字はなく、最初から「弘化二年」となっていたのである。

二節　異国日記

それでは次に『異国日記』道光三十年記を見てみよう。再び前章でも提示した表紙を示す。写真は本書三三ページにて提示している。

道光三拾年庚戌

異国日記

二月十五日ゟ仲宗根与改名同御物城

里主　小禄親雲上
御物城　潮平親雲上㊞
新里主　喜屋武親雲上㊞
　久場親雲上
那覇筆者　仲村渠筑登之㊞
同　板良敷筑登之㊞
同仮筆者　比嘉筑登之㊞
同寄筆者　富永筑登之
同　吉元里之子親雲上

前に見た『親見世日記』と同様、『那覇市史』では御物城（おものぐすく）潮平親雲上（おひらぺーちん）以下の印の存在を翻刻していないのだが、三三ページ写真を見れば明らかなように、実際には捺印がなされている。田里修氏執筆『那覇市史』「解題二」では、『異国日記』ならびに、この直後に検討する『産物方日記』とも「唯延の写しとった資料かと思われる」と解説しているのだが、実際には写本ではなく、オリジナルの原本である。

ところで、『異国日記』の記録方法については『国立台湾大学図書館典蔵　琉球関係史料集成』第三巻に所収される「異国日記　全体解題」にて、以下に掲げる豊見山和行氏の指摘がある。長くなるが重要論点であるため必要箇所全てを掲げておく。

次に親見世による「異国日記」の整理・作成について見てみよう。「道光三十年　異国日記」（福地家所蔵本―筆者補注）の七月条の「覚」（『那覇市史資料篇第一巻九　近世那覇関係資料（古文書編）』（一九九八）に、親見世の那覇筆者から「百田紙百四拾五枚、三ノ筆弐本四分、達磨墨弐分弐り」を御用物座へ請求する記事があり、その目的は「去々申年異国日記調用」、つまり二年前（道光二十八年）の異国日記を拵えるためのものであった。さらに、一月後の同年八月条「覚」にも「百田紙四帖拾五枚、三之筆弐本九分、達磨墨三分五り」の請求記事があり、それは「去年異国日記調用」（前掲書に同）、すなわち昨年（道光二十九年）分の異国日記の拵え用えであった。

本巻の「咸豊五年　異国日記」八月条の「覚」にも「百田紙百四拾八枚、三ノ筆三本□分壱毛、達磨墨三分八り三毛」の請求記事があり、それは「去子年異国日記調用」＝昨年（咸豊四年）の異国日記の作成用であった。また、同じく八月条「覚」にも「百田紙百八拾弐枚、三ノ筆三本九分四り五毛、達磨墨四分七り壱毛」の請求記事があり、それは「去々年異国日記調用」＝二年前（咸豊三年）の異国日記作成用であった。

これらの事例から「異国日記」は、明確な理由は不明だが、一年ないし二年の間隔を置いて作成するのが慣例になっていたと言えよう。

豊見山氏引用史料中『異国日記』の料紙として配布されている「百田紙（ももたがみ）」とは、近世琉球史料の中で頻出してくる紙の名前で、引用史料からもわかるように、行政文書（引用史料中では『異国日記』の料紙）として多く使用されている。実物の行政文書として多くみられる紙は薄手の楮紙（ちょし）であり、これは久米島の上江洲家文書の場合も同じである。日本でいう杉原紙（すいばらがみ）にあたると思われる。それはともかく、『異国日記』の料紙として、それ専用の紙が配布されているわけである。

他方、前に原本と述べた福地家所蔵の『異国日記』の料紙の多くは、確かに薄手の楮紙が使用されてはいる。しかし前に見た『親見世日記』同様、ほぼ全編に亘って紙背文書があり、例えば本書三三ページにて提示した『異国日記』表紙の写真でも、薄手の楮紙ゆえ紙背の文字が透けて見えている。またごく一部には芭蕉紙も混在しており（芭蕉紙には紙背文書がない）、福地家所蔵『異国日記』のありようは、豊見山氏指摘の『異国日記』とは明確に異なり、日記専用の料紙が準備されているわけではない。

この問題とリンクして、豊見山氏の問題点も指摘できる。「『異国日記』は、明確な理由は不明だが、一年ないし二年の間隔を置いて作成する」との部分であり、日記を一年または二年ごとに「作成」するとすれば、それはもはや日記とは言えないであろう。

この二つの問題点は実のところ、同時に解決できる。理解のポイントは前章にて述べた、下書きの日記という点である。福地家に残された『御物城高里親雲上唯紀日記』は下書きの日記であり、この後、親見世には清書したものが提出されることを述べた。本章でこれまで見たきた『親見世日記』も『異国日記』もこれに同じく、下書きの日記なのである。親見世の行政文書が廃棄された後、その裏を再利用して書かれた福地家の『親見世日記』も『異国日記』もともに、紙背の文字が表に透けて、記事が極めて判読しにくくなっている。これらの日記が捺印された原本であったとしても、これがそのまま親見世に残され、永続的効力を期待される行政文書として機能することなど全く考えられない。これらの日記は下書きであるからこそ、反故紙の紙背を再利用して書かれた。清書されるまでの時限的効力が期待された日記だったわけである。

そう考えれば、豊見山氏指摘の、『異国日記』作成専用に百田紙が配布されていたことも合理的に理解できよう。この百田紙は清書用の料紙なのである。これが二年ごとになされるのは、おそらく『異国日記』記録の責任者、那覇里主と御物城が任期二年の職務であるためであろう。二年を一区切りにして去々年分と去年分の清書本が調えられる。下書き日記があれば、二年ごとという期間などは何の問題でもなかったわけである。そして前にも述べたように、清書本というのは下書き本を底本に書写されるものであって、福地家が所蔵する日記は、オリジナル、正真正銘の原本ということになる。

三節　産物方日記　～記録するべき日記を間違えた～

次に『産物方日記』を見てゆこう。例によって、前章で掲げた表紙をここでも提示しておく。写真は本書三四ページにて提示している。

道光三拾年戌　古里主　小禄親雲上
嘉永三年　同御物城　潮平親雲上
新里主　喜屋武親雲上
同御物城二月十五日ゟ仲宗根与改名　久場親雲上

産物方日記

那覇筆者　仲村渠筑登之
同　板良敷筑登之
同仮筆者　比嘉筑登之
同寄筆者　富永筑登之
同　吉元里之子親雲上
同十二月ゟ　金城筑登之
正月ゟ十二月迄

福地家所蔵『親見世日記』や『異国日記』と同様、全編に亘って紙背文書が存在するのだが、それらとは異なる点もある。『産物方日記』の表紙は捺印がなされていない。そのため、この日記の性格を考えるのは慎重を要する。そこで、まず料紙となっている紙背文書の作成時期から見てゆこう。

既に道光三十（一八五〇）年の下書き日記であることを述べた『異国日記』から始めよう。この日記の紙背文書は酉年十一月のものから戌年十二月にかけてのものであって、それ以外の干支の文書はない。それら干支による年表記以外には、道光三十年九月十八日生真栄平筑登之四男思仁王生子証文が存在している。道光三十年は戌年であるから、酉年の文書はその前年、道光二十九年と見て誤りない。すなわち福地家の『異国日記』道光三十年記の料紙は、道光二十九年と三十年の行政文書の反故紙を再利用して記録されていることになる。前に、この『異国日記』の料紙には、一部芭蕉紙が混じっており、それには紙背文書がないことを述べたが、芭蕉紙は全て同年十二月に入ってからの日記の料紙となっており、親見世にあった行政文書の反故紙が尽きたために、急遽別用途用の芭蕉紙を日記記録用に転用したと考えられる。

これに対して、『産物方日記』の方では、酉年八月のものから戌年四月のものまでとなっており、こちらもそれ以外の干支の文書はない。干支による年表記以外では、道光二十九年十二月十五日生比嘉筑(ちく)登之親雲上(どぅんぺーちん)三男思百歳生子証文や、道光三十年四月十日生大見謝(おおみじゃ)筑登之四男思亀生子証文などがある。道光二十九年は酉年、三十年は戌年である。福地家の『産物方日記』道光三十年記の料紙は、『異国日記』に同じく、道光二十九年と三十年の行政文書の反故紙を再利用しているわけである。つまり両日記の料紙は同時期・同性質のものを使用しているのだから、同じ時期に再利用、すなわち日記の料紙として使用された可能性が高い。となれば、『異国日記』は日ごとに書き継がれた下書きの日記なのであるから、『産物方日記』もまた同じである可能性が高いといえる。

但し、同じ時期（道光二十九年と三十年）の、同じ性質の文書（親見世行政文書の反故）を再利用した、同じ年（道光三十年）の同じ「那覇筆者日記」（一方は『異国日記』、他方は『産物方日記』）であったとしても、『異国日記』の方は下書き日記、『産物方日記』は別性質の日記（例えば写本）ということが、もしかするとあるのかもしれない。そこで、慎重には慎重を期して、さらに検討を進めてゆこう。

次に提示するのは『異国日記』道光三十（一八五〇）年正月二十八日条の抹消記事である。本文で抹消記事である旨を示しているので、提示した史料には抹消符は付けずに提示している。写真は本書五六ページに、写真8として提示している。記事全体を黒墨の円で囲んでいるが、これが抹消符であり、抹消記事であるから『那覇市史』では翻刻していない。

覚

一、御目附御宿　東村慶田筑登之

一、御書役右同　同村大城仁屋

一、足軽宿　西村山田筑登之

右、当年御下被成候産物方御役々衆・足軽宿相賦置申候間、此段致御問合候。以上。

正月廿八日

潮平親雲上

小禄親雲上

御鎖之側御方

口語訳すると次のようになる。

覚

一、（薩摩藩の）目付の宿は、東村の慶田筑登之（けだちくどぅん）の邸宅。

一、（薩摩藩の）書役の宿は、東村の大城仁屋（おおしろにや）の邸宅。

一、（薩摩藩の）足軽の宿は、西村の山田筑登之の邸宅。

右は、当（道光三十）年（琉球に）お下りになられた（薩摩藩の）産物方の御役人衆と足軽の宿を配り宛てたので、この旨を報告する。以上。

正月二十八日

（御物城の）潮平親雲上

（那覇里主の）小禄親雲上

御鎖之側（うざすのそば）御方

なぜ、これが抹消記事になったかは明かである。この日記は『異国日記』であるにも拘わらず、間違って産物方の情報を記録してしまったのである。記録し終わってから、書くべき日記を間違えたことに気づいて、抹消符を記事全体にかけたわけである。

それでは同じ日の『産物方日記』の記事を見てみよう。写真は本書五七ページに、写真9として、前の写真8と見開きで提示している。

覚

一、御目附御宿　東村慶田筑登之

一、書役衆右同　同村大城仁屋

一、足軽宿　西村山田筑登之

右、当年御下被成候産物方御役々衆・足軽宿相賦置申候間、此段致御問合候。以上。

正月廿八日　御名前

御鎖之側御方

両日記の記事で異なる点は次の二点である。①『異国日記』抹消記事では「御書役」となっていたものが、『産物方日記』では「書役衆」となっている。これは書写ミスと言って問題なかろう。②差出書が、『異国日記』抹消記事は潮平親雲上・小禄親雲上連署であったものが、『産物方日記』では「御名前」となっている。これは親見世統括役人の御物城（おものぐすく）と那覇（なは）里主（さとぬし）が連署で報告すべき事柄であり、かつ両

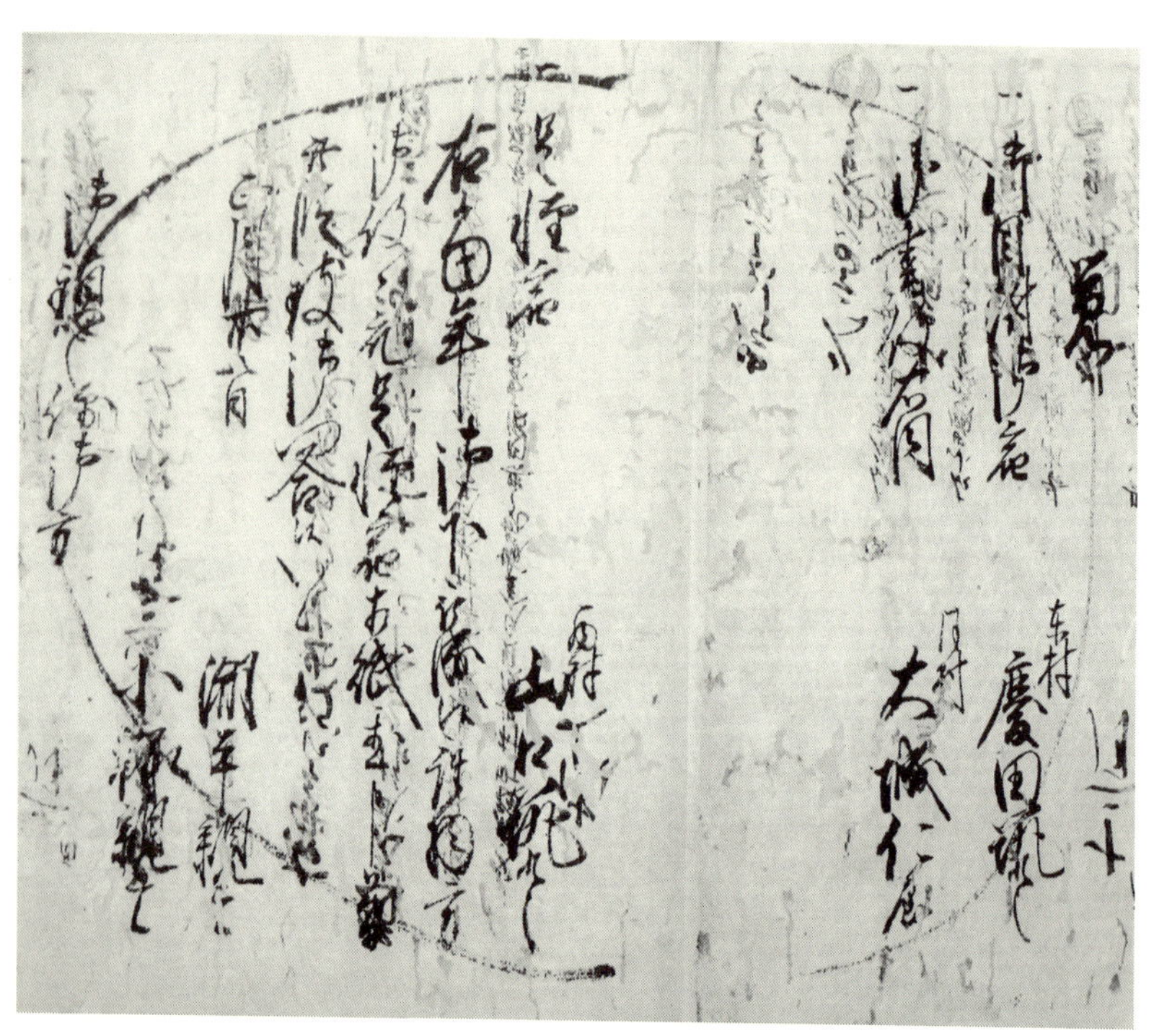

写真８　『異国日記』道光30（1850）年正月28日条抹消記事

名の名前も前後の引用文書で明白であるため、「御名前」のみで済ませたと考えられる。

さて、見開きで示した写真で、両記事の筆跡を比較していただきたい。コピーをしたかに思えるほど、というのは言い過ぎであろうが、明らかに同一人物のものである。トゲトゲしい筆致というか、書き手の性格までがきつく思えてくる文字である。「目附」の「目」の二画目の最後、同じく「附」の七画目の最後、「同村」の「村」の六画目の最後など、何もそこまできつく跳ねなくても良いのに。もう少し柔らかく、優しく、穏やか

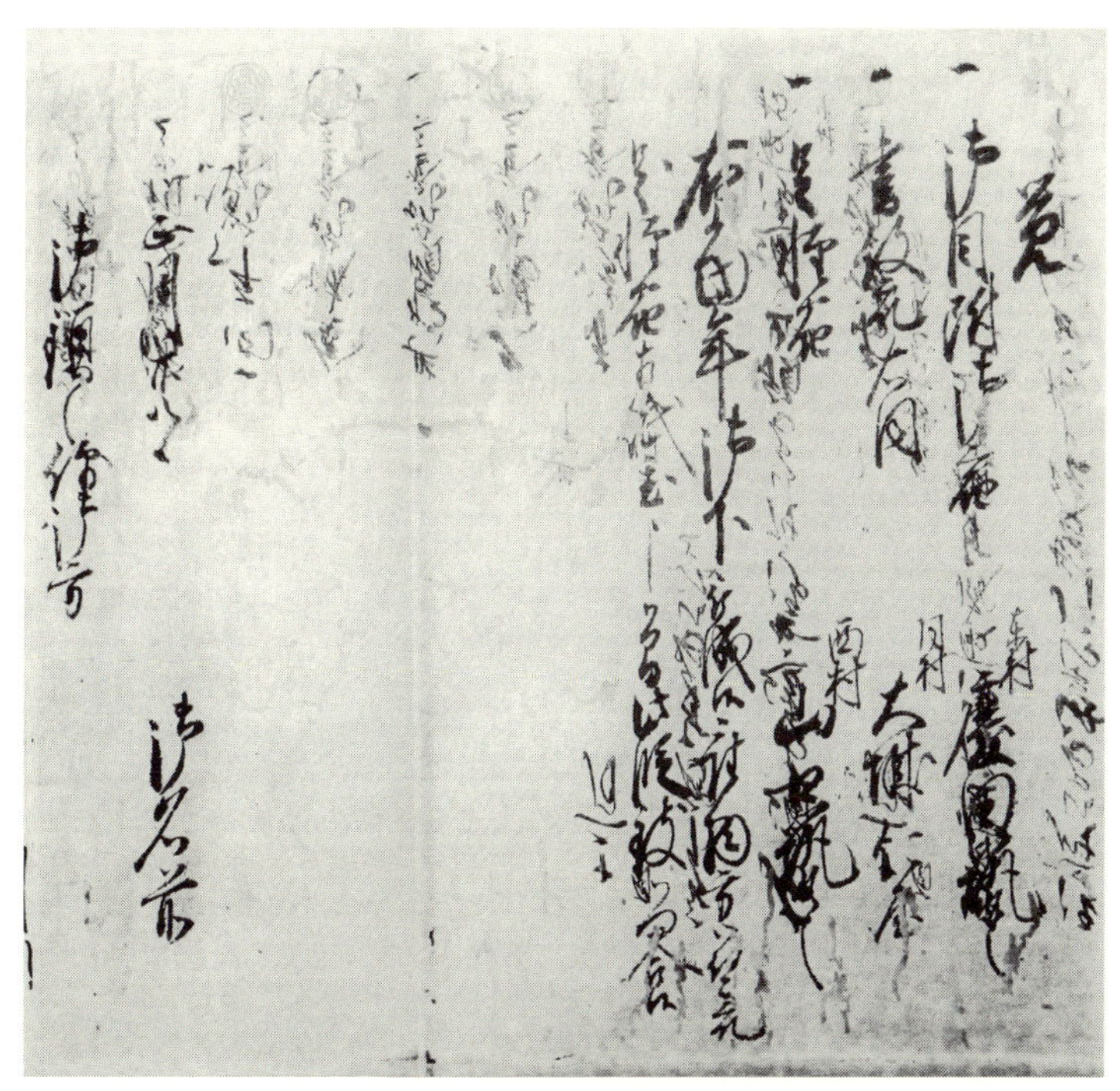

写真９　『産物方日記』道光30（1850）年正月28日条

に書いたらどうかと思ってしまう。トゲトゲしいという印象は、同じく「附」の七画目、「目」の二画目、「村」の六画目を、上から下に筆を降ろす際にも感じてしまう。いずれも、一旦少し内側に筆を入れながら降ろした後で、途中から今度は反対に外側へ反り返るようにして降ろしてゆく。これなどは反対に背中を丸めるような感じで、一度外側へ膨らみをもたせた後、内側に入れながら降ろしてゆくと優しい感じになるのであろう。一時期、女子中高生の間で流行った丸文字などはその極端な例になる。極端な右上がりという点でもトゲトゲしさを感じるし、その他、「目」の三・四・五画目は、どちらもまるで「ミ」である。以上述べた文字の共通点はほんの一例に過ぎないが、この二つの記事は同一人物が書いたと言って、否定する人はおそらく一人もいないであろう。

つまり、この記事を書いた那覇筆者は、正月二十八日の産物方役人宿割り一件記事を、最初間違って『異国日記』に書いた。書き終わった後で、書くべき日記を間違ったことに気づき、『異国日記』の方の記事を抹消して、その後で、『産物方日記』に同じ記事を書いたわけである。福地家所蔵の『異国日記』道光三十年正月二十八日条抹消記事と、同家所蔵の『産物方日記』道光三十年正月二十八日条は同じ日に同じ人物によって書かれた。『異国日記』は日ごとに書き継がれた下書きの日記なのであるから、間違いなく福地家所蔵の『産物方日記』も、日ごとに書き継がれた下書き日記ということになる。

それでは、このような下書きの『異国日記』や『産物方日記』が何故に福地家に残されたのかについて次に考えてゆきたい。本書で、この直後に詳述することになるが、『産物方日記』と『異国日記』道光三十年記下書き本の記録が終わった同年十二月の段階で、当該期の福地家当主唯紀(いき)の嫡男唯延(いえん)は金城筑登之を名乗り、那覇寄筆者であった。この二つの「那覇筆者日記」の清書は唯延が担当したのであろう。清書本を仕立てた後、それまでの時限的効力しか期待されていない下書き本は役割を終え、反故となる。だからこの下書き本は唯延の手許に残ったものと考えられる。これは前に見た、同じく「那覇筆者日記」の一つ『親見世日記』道光二十五年記においても同様である。同記の表紙には、那覇筆者金城筑登之の名前が記されており、これが唯延であることは前述した。『親見世日記』道光二十五年記上巻の清書も唯延が担当した。本来であれば時限的効力を失した下書き日記は廃棄される運命にある。しかし福地家はこれを廃棄せずに、大切に保管したわけである。このような経緯によって、福地家に「那覇筆者日記」下書き本が蓄積されていったと考えられる。

四節　『異国日記』と『産物方日記』の表紙の成り立ち

ところで、『異国日記』道光三十年記の表紙には捺印があるのに、同じ道光三十（一八五〇）年の『産物方日記』の表紙には何故捺印がないのかをここで考えてみたい。もう一度、両者の表紙を、今度は並べて提示しておく。

〔『異国日記』道光三十年記表紙〕

道光三拾年庚戌

里主　小禄親雲上
御物城　潮平親雲上㊞
新里主　喜屋武親雲上㊞
二月十五日ゟ仲宗根与改名同御物城　久場親雲上

異国日記

那覇筆者　仲村渠筑登之㊞
同　板良敷筑登之㊞
同仮筆者　比嘉筑登之㊞

〔『産物方日記』道光三十年記表紙〕

道光三拾年戌

嘉永三年

同寄筆者　富永筑登之

同　吉元里之子親雲上

古里主　小禄親雲上

同御物城　潮平親雲上

新里主　喜屋武親雲上

産物方日記

同御物城二月十五日ゟ仲宗根与改名　久場親雲上

那覇筆者　仲村渠筑登之

同　板良敷筑登之

同仮筆者　比嘉筑登之

同寄筆者　富永筑登之

同　吉元里之子親雲上

同十二月ゟ　金城筑登之

正月ゟ十二月迄

両者の違いを確認しておこう。『異国日記』表紙には捺印があるのに対し、『産物方日記』表紙の方には捺印がない点に一点目の相違がある。その他、連署の名前に注目すると、『異国日記』表紙には登場しない「金城筑登之」が『産物方日記』の方では登場している。この金城筑登之（きんじょうちくどぅん）については「同十二月ゟ」の添書があり、「同」は右に同じの意味で、具体的には那覇寄筆者を指す。この年の十二月から那覇寄筆者となった、の意である。道光三十（一八五〇）年十二月に那覇寄筆者に任じられた金城筑登之とは、唯紀子息の唯延であり、彼が同月一日付で那覇寄筆者に就任していることは『譜代貝姓家譜正統』にて確認できる。

さてそれでは本題の、『産物方日記』は、『異国日記』と同様の下書き日記であるにも拘わらず、何故に捺印がないのかという点であるが、結論から先に述べれば、実のところ明確な理由はわからない。但し、捺印のある『異国日記』の表紙と、捺印がない『産物方日記』の表紙は成立の仕方が異なっていることだけは分かる。本書ではひとまず分かる範囲だけでも述べておき、いつかくるであろう分かる日を待ちたいと思う。ポイントはこれまでにも見てきた紙背文書である。

捺印のある『異国日記』表紙の紙背文書は、酉十二月付の組頭佐久川筑登之親雲上他五人組連署誓書証文である。それでは日記本文の方はといえば、冒頭の正月一日条から正月十二日条の途中までが、酉十二月付の渡慶次筑登之後生子証文を使用している。連続で同じ文書の一紙目と二紙目を使用しており、出生届けの提出が遅れたことについての内容となっている。次の正月十二日条の途中から（日付の立項なし）正月二十六日条の途中までは道光二十九年十一月二十六日生喜納里之子女子真加戸生子証文、（日付の立項なし）正月二十六日条から同日条終わりまでが酉十二月付城間子証文、（日付の立項なし）正月二十八日条冒頭から同日条前半（末梢記事含む）は道光二十九年十二月十日生古堅筑登之親雲上四男松金生子証文、同日条後半は道光二十九年十一月二十六日生渡嘉敷筑登之女子真樽生子証文となっている。道光二十九（一八四九）年は酉年であるから、『異国日記』道光三十年記の正月記事は全て前年酉

（道光二十九）年末の親見世行政文書の反故紙を再利用していることになる。この事実は、親見世の行政文書管理体制を知る上で興味深く、かなり早い段階で行政文書は廃棄されていることになる。それはともかく、この後、酉（道光二十九）年の文書は（日付の立項なし）二月二十日条の後までは料紙として使用されているものの、その後、三月以降の記事は全て翌年、戌（道光三十）年の文書が料紙となっている。正月から二月の記事が前年の酉（道光二十九）年末の反故文書を使用しているとなれば、表紙の料紙である酉（道光二十九）十二月付証文と同じ時期のものということになる。

もちろん、料紙となった反故文書の時期が一致しているからといって、必ずしも再利用した時期までもが一致するとは限らない。そのようなことは自明ではあるが、前にも述べたように、『異国日記』の十二月の記事の料紙には、一部芭蕉紙が混在しており、それには紙背文書がなかった。そしてこれも前述したことだが、この現象は、親見世（おやみせ）にあった行政文書の反故紙が尽きたため、他用途のために準備していた芭蕉紙が、下書き日記の料紙に転用されたために生じたと考えられる。さらに三月以降の記事に酉（道光二十九）年の文書は使用されず、全て翌戌（道光三十）年の文書であることを併せ考えれば、『異国日記』道光三十年記の表紙は、その年の正月から二月の間に作成されたという結論にならざるを得ない。だから、同年十二月に那覇寄筆者に任命された金城筑登之唯延の名前が表紙になかったわけである。

『異国日記』道光三十年記の表紙が正月から二月の間に作成されたとなれば、作成の契機は二つ考えられる。一つは年頭の正月一日条を書き始める段階である。但し、正月一日の段階では新任の那覇里主と御物城はまだ任命されていない。表紙にはその二名の名前がしっかり記されている。両職の任期は二年、通常は二月一日付で任命されるため、この年に交代があることは最初からわかっている。だから正月一日に表紙を作成する場合は、「新里主」と「新御物城」を後から書き込むためのスペースを空けて作成することになろう。もう一つは、新任の里主・御物城が任命された後、二月に表紙を作成するとの方法もある。『異国日記』道光三十年記の場合、このどちらかということになる。

それでは捺印のない『産物方日記』表紙の紙背文書を見てみよう。文書に年月日などはない後欠の書翰である。したがって『異国日記』とは異なり、何時の文書を使用しているのか俄にはわからないのだが、内容は次のとおりである。

帰唐船入津之節、為船迎三重城
屋らさ河江多人数差越候而者
おのすから異国人疑相立筈
候得者、親子兄弟迄を通堂江
罷出候様被仰付度旨、高奉行
申出有之候間、右之趣屹与相守候様
那覇中不洩可被申渡旨、御差図ニ而候。

例によって、口語訳する。

帰唐船が（那覇港に）入港する際、迎えのため三重城（みえぐすく）の屋良座河へ多人数が来ては、（琉球滞在中の）

異国人が（何事かと）疑いを持つはずであるので、親子兄弟までが、（場所は）通堂まで迎えるように仰せつけて欲しいとの旨、高奉行の申し出があったので、右の内容を必ず守るように那覇中に洩さず申し渡すようにとの御指図があった。

この後の論点となるのは、文書の内容はもちろんであるが、特に文章の最末に注目しておいていただきたいと思う。ポイントは、この一紙の終わりでひとまず文章が完結している点である。もちろんこの後、「さて」「しからば」などの接続詞が入り、さらに文章が続く可能性は普通にある。但し、ここで文書本文が終わっても何も不思議でもない。ここで本文が終わる場合は、この後に続くのは書留文言であり、普通は「以上」である。

右の文書は本書六八ページに写真10として提示している。裏打ち紙が文書表面を覆っているため鮮明な画像ではないが、そこは仕方ない。裏打ち紙は史料保全のため必要なものである。ところで、このような文字を達筆というのであろう。筆に伸びがあり、柔らかで気品があるようにわたしは思う。少なくともこんな文字が好きである。それはともかく、差出書も年月日もないこの文書には、意外な場所に関連文書がある。

帰唐船入津之時、那覇惣横目并
同筆者、例之通高所相合、下知方仕
候様被仰付度旨、高奉行申出
有之候間、右船相見得候ハヽ、早速

通堂江差越、高所相合致下知候様
可被申渡候。此旨御差図ニ而候。以上。
附、唐江漂着船有之、帰帆
之節茂本文同断相心得候様
可被申渡候。
戌
四月九日　　兼城親雲上
川平親雲上
浦添親雲上
里主
御物城

内容は、帰唐船が那覇港に帰港した時には、那覇惣横目と那覇筆者は高所（こうしょ）と共同で下知するようにとのものである。戌年の四月九日の日付をもち、『産物方日記』道光三十年記紙背文書で戌年は、前に指摘したとおり、道光三十（一八五〇）年を指す。兼城（かねぐすく）親雲上（ぺーちん）・川平（かびら）親雲上・浦添親雲上三名連署となっているが、文字を書いた人物は日下に署名する兼城親雲上なのであろう。写真は六八～六九ページに提示している、写真11である。このような文字を達筆というのであろう。筆に伸びがあり、柔らかで気品があるようにわたしは思う。というよりも、明らかに写真10の年月日未詳某書翰（後欠）と同筆である。つまり、写真10で提示した年月日未詳某書翰（後欠）にあった本文冒頭の「帰唐船」とは、右の文書と同じで道光三十年四月の帰唐船ということになり、写真10の年月日未詳某書翰（後欠）を書いたのも兼城親雲上となる。

それでは（道光三十年）戌四月九日付兼城親雲上他二名連署書翰が料紙となっている『産物方日記』の「以外な場所」とはどこなのかといえば、『産物方日記』の最末記事、十二月二十八日条とその前同十九日条の紙背である。差出書の最末「浦添親雲上」の直後に、『産物方日記』道光三十年記最終行「一、歳暮御祝儀一件、右同」がきており、充所の「里主」と「御物城」の裏に、記事全体が記されている。

さらに右紙背文書の後に、もう一紙、日記の表側に何の記事も記されていない文書が現状で紙継されており、そこには次のように記される。

以上。
戌
四月九日　　兼城親雲上
　　　　　　川平親雲上
　　　　　　浦添親雲上
里主
御物城

写真は六九ページに写真12として提示してある。前掲写真11と比較すると明白に同筆であることが首肯されるものと思う。写真11の（道光三十年）戌四月九日付兼城親雲上他二名連署書翰は写真10の年月日未詳某書翰（後欠）と同筆であるから、右の写真12の戊四月九日付兼城親雲上他二名連署書翰（前欠）は写真10の年月日未詳某書翰（後欠）とも同筆ということになる。そして前述したように、年月日未詳某書翰（後欠）は、一紙目で本文がひとまず完結しており、ここで本文が終わる場合、この後に続くのは書留文言「以上」である旨も述べた。これは右の戊四月九日付兼城親雲上他二名連署書翰（前欠）と合致している。以上のことから、『産物方日記』道光三十年記表紙の料紙となった年月日未詳某書翰（後欠）は、右の戊四月九日付兼城親雲上他二名連署書翰（前欠）の一紙目ということになり、両者で一点の文書である。

以上述べてきたことをまとめよう。『産物方日記』道光三十年記の最終記事十二月二十八日条の料紙は（道光三十年）戊四月九日付兼城親雲上他二名連署書翰である。その直後にその関連文書、（道光三十年）戊四月九日付兼城親雲上他二名連署書翰の二紙目が紙継されており、同記の表紙は（道光三十年）戊四月九日付兼城親雲上他二名連署書翰の一紙目である。ということは、『産物方日記』道光三十年記の表紙は、この日記全ての記事を書き終えた直後に作成されたことになる。だから表紙の最奥には、同年十二月に那覇寄筆者に任命された金城筑登之唯延の名前があるのである。

捺印のある『異国日記』道光三十年記表紙は、正月から二月の間に作成され、『産物方日記』同年記表紙は、全ての記事を書き終えた段階で作成されるという、成立過程の相違があったわけである。この違いが、何故に捺印の有無に結びつくのかは、本節最初に結論を述べたようにわからない。しかも前に見た『親見世日記』道光二十五年記の表紙には、『異国日記』道光三十年記と同様に捺印があるのに、

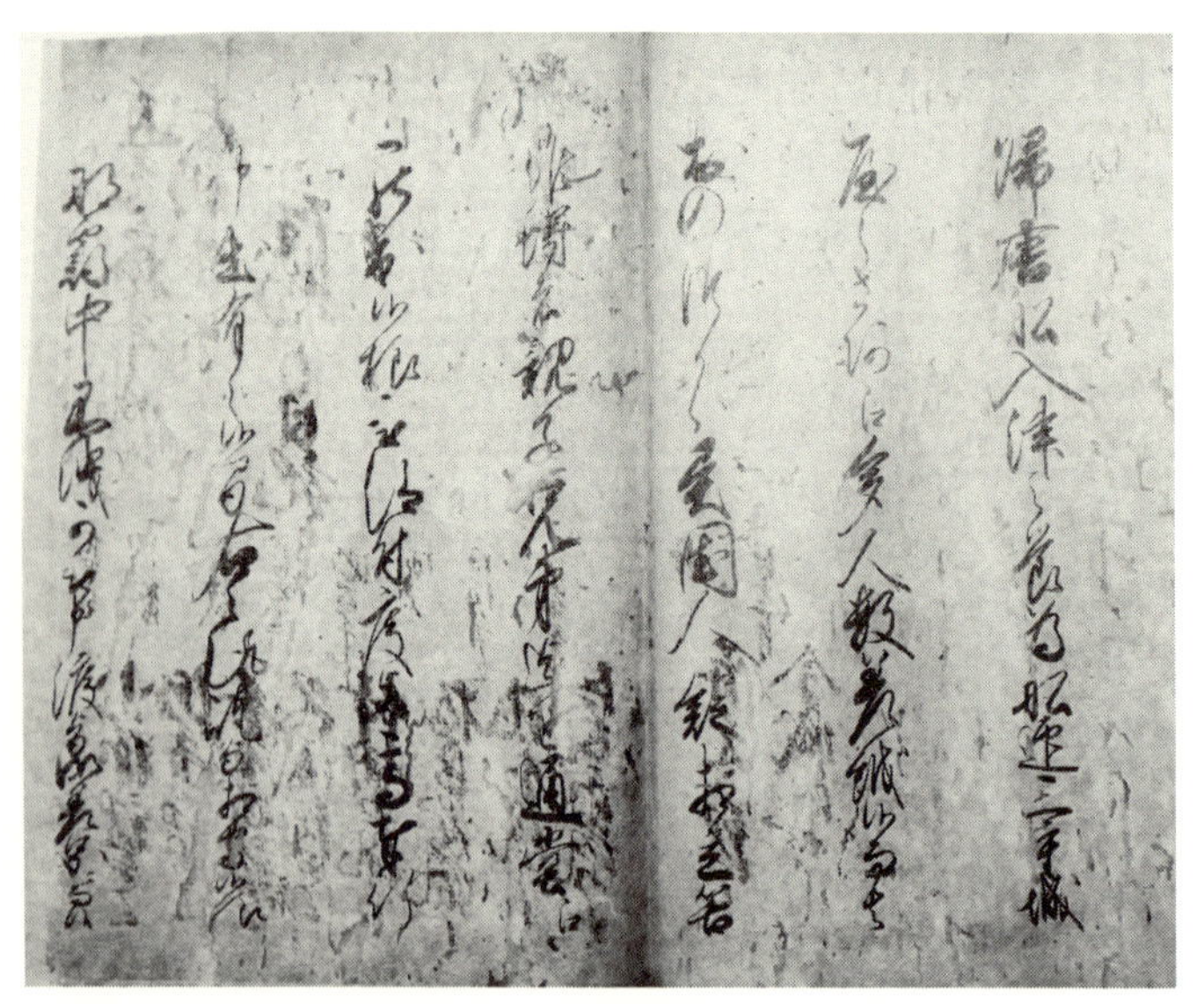

写真10　年月日未詳某書翰（後欠）『産物方日記』道光30（1850）年記表紙紙背

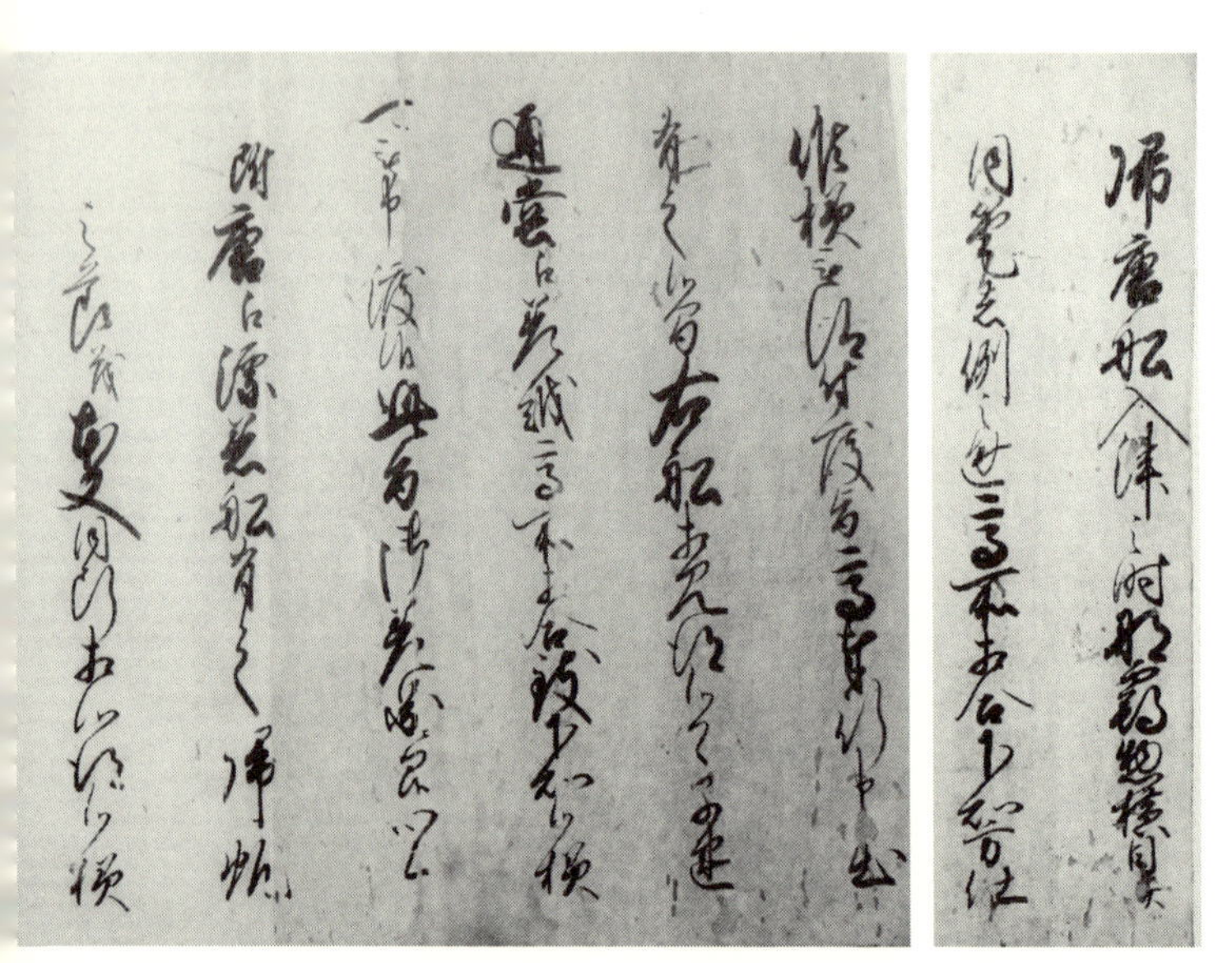

書翰　『産物方日記』道光30（1850）年12月19・28日条紙背

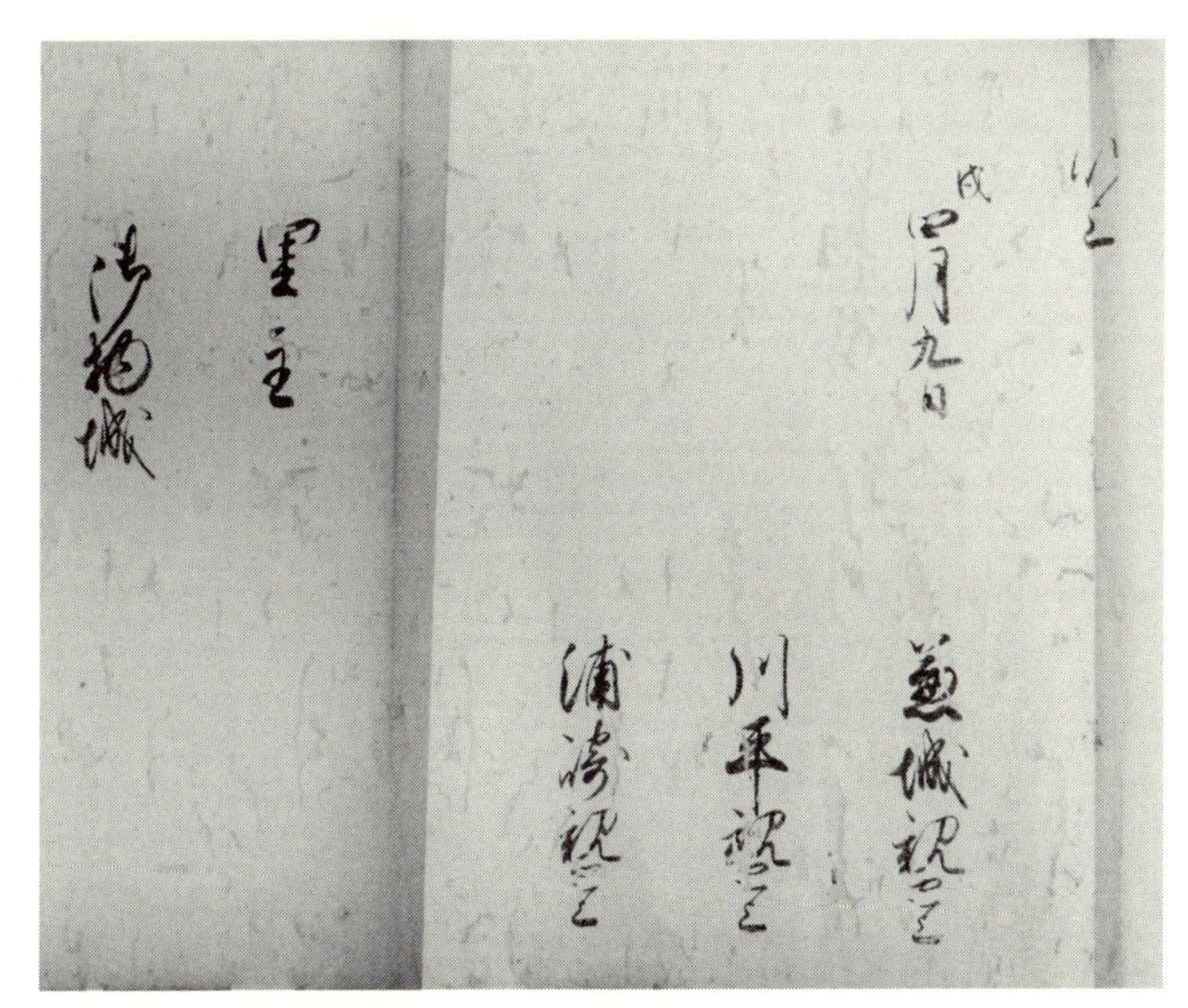

写真12　戌（1850）年４月９日付兼城親雲上他２名連署書翰（前欠）『産物方日記』道光30（1850）年記巻末

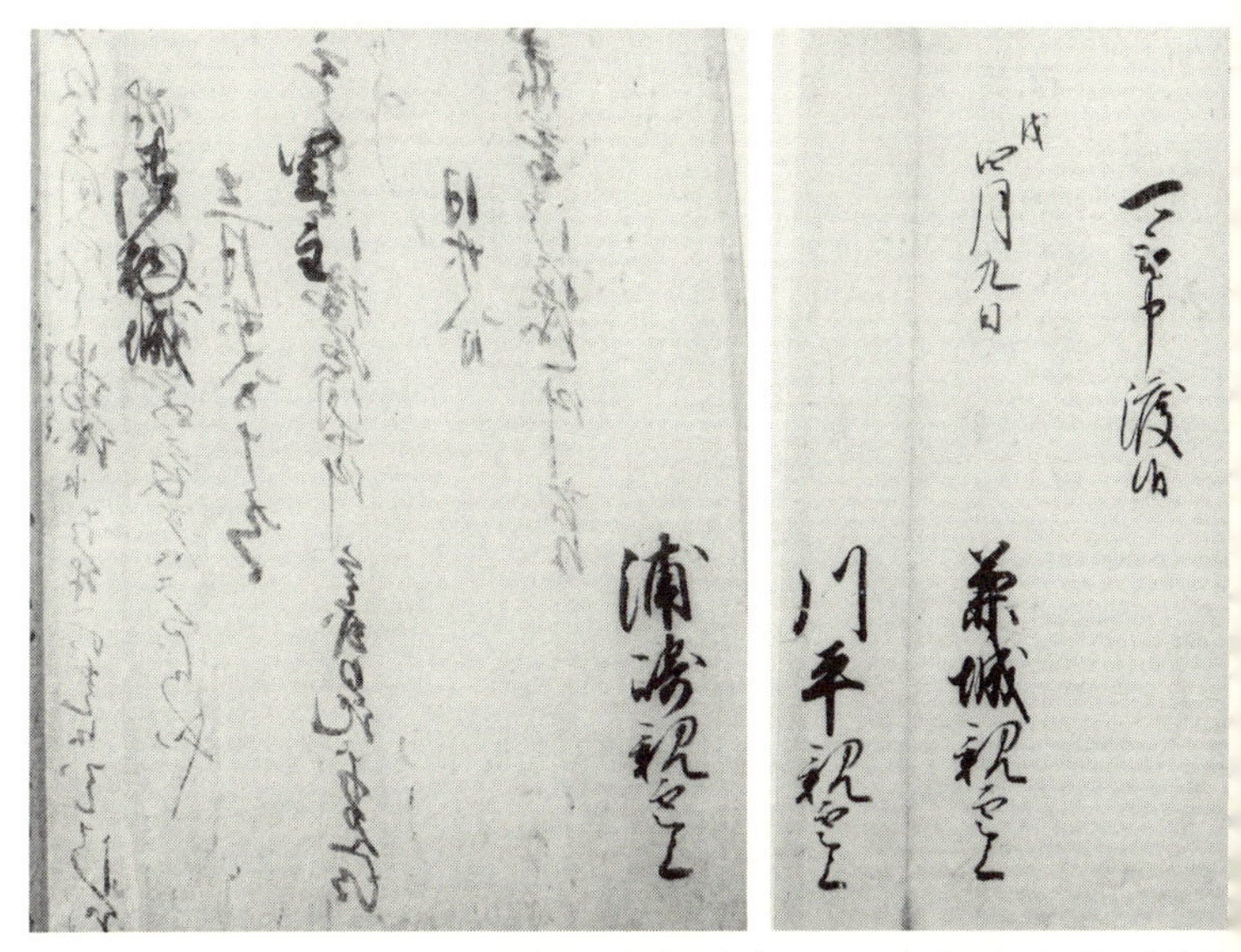

写真11　戌（1850）年４月９日付兼城親雲上他２名連署

表紙が作成されたのは『産物方日記』の方と同様、全ての記事を書き終えた後であった。

また、究極的には、捺印そのものの意味すらわかっていない。時限的効力しか期待されない下書き日記に何故捺印が必要なのか。下書き日記は清書本が作成されたなら反故になる運命である。しかも表紙にならんで記される全員の名前に捺印があるわけでもない。想定できる可能性としては、下書き日記を記録した那覇筆者と、その統括役人（責任者）として里主または御物城のどちらかから確認印をもらっておくことであろう。つまり那覇筆者には分業制があり、全ての那覇筆者が日記の記録に関与しているわけではないということである。全那覇筆者の名前を挙げてはいるが、捺印するのは記録した那覇筆者だけ。里主と御物城も分業で、どちらか一方のみが捺印する、というものであろうか。『異国日記』道光三十年記と同年の『産物方日記』の表紙にも捺印があれば比較検討できるのであろうが、『産物方日記』表紙に捺印がないのが返す返すも残念に思う。

三章　福地家日記

一節　日記に見る近世琉球の公と私

公日記と私日記

本書でこれまで見てきた『御物城高里親雲上唯紀日記』や『親見世日記』『異国日記』『産物方日記』などは業務上記さなければならない日記であり、公日記と呼ばれる。こんにちの業務日誌である。これに対して、現在の私たちが一般に日記と呼ぶ、個人的な日記は私日記という。ただ、こんにちの日記が前近代の私日記と異なる点もある。我々が日記を付ける時、その日記を他人が読むことは前提としないのだが、前近代の私日記はそれとは異なる。必ずしも広く流布することを前提としているわけではないが、自身ならびに、子供・孫・子孫などが過去の先例を検索するために日記は記される。いわば他人が読むことを前提にしているわけである。

王国時代の琉球にそのような私日記はほとんど存在しないのだが、福地家日記史料群の中には、同時代には極めて珍しい、高里親雲上唯紀・福地親雲上唯延父子二代で書き継がれた私日記が残されている。福地家日記史料群の中でも異彩を放つその日記は、『那覇市史』目次では第一章1『日記』とされているが、これでは他の日記と識別できないため、本書では『福地家日記』と呼ぶ。

記録期間は道光二十八（一八四八）年四月から明治十二（一八七九）年七月までの約三十年間。興味深いことに、例えば那覇を管轄する親見世（おやみせ）の統括役人である御物城（おものぐすく）在任中など、公日記を書かなければならない期間中にも、公日記の執筆と並行して私日記も書いている。一人の人物が公私二種類の日記を同時に執筆してるということである。そこで本節では、父親唯紀の方を取りあげ、並行して記録された『御物城高里親雲上唯紀日記』と『福地家日記』を比較することで、王国末期の琉球における公私の両側面を浮き彫りにしてゆきたい。

まず本章で必要な範囲で、両日記の書誌情報を確認しておこう。公日記『御物城高里親雲上唯紀日記』はこれまでに述べたように、自筆の下書き本。料紙は芭蕉（ばしょう）紙、紙背文書はない。これに対して私日記『福地家日記』の料紙は楮（ちょ）紙、紙背文書はない。こちらの方も自筆本であるが、自筆の清書本ではなく、オリジナル本と考えて良い。原本か写本かで峻別すれば、ともに原本ということになり、違いは『御物城高里親雲上唯紀日記』は後に清書されることを前提に作成された原本で、『福地家日記』は清書されることを前提とせずに作成された原本という点になる。

日記の表記法

さて、私日記『福地家日記』には序文があり、書き始めを明確に知ることのできる貴重な日記の一つでもある。序文の日時は「道光弐拾八（一八四八）年戊申四月」、その後には「辰年／此下未年迄者、日帳不致。以前之事覚之儘、大体致□□□□」と続く。辰（一八四四）から未（一八四七）年までは「日帳を致さず」、つまり日記ではない、「覚えのまま大体を」記した回想録とされている。より精確には、序文の一八四八（申）年中の四月以前に二月一日条・三月一日条があり、これも回想録である。

『福地家日記』でまず注目されるのが年表記である。序文こそ前掲のごとく「道光」の中国年号が使用されるものの、それ以外は一貫して干支が使用される。唯紀が御物城に就任した一八五二年も同年冒頭に「子年中」と、その翌年もまた「丑年中」とされている。これまで本書では一貫して、年表記に中国年号を使用してきたが、「日記の表記法」を検討しようとしている本節で、現物では干支で年表記しているものを、わざわざ中国年号に変換して記述するのはどう考えても不適切である。また、刊本『那覇市史』も干支で年表記するのみで、中国年号とは対応させていない。本書一人、現物の干支を中国年号に変換した場合、刊本と照合する際の対応関係がうまくいかなくなってしまう。そのため、現物が干支で年表記する『福地家日記』のみは、本書でも干支で年表記をしてゆくことにする。

さて、申（一八四八）年より始まった日記の記録は、子（一八五二）年の二月一日条で次のように記される。

二月朔日

一、拙者事、御物城被仰付、仲本之名島被成下候。里主者兼城親雲上江被仰付候事。

（他条文省略）

唯紀本人の御物城就任記事である。この日から『御物城高里親雲上唯紀日記』の記述も始まるのであり、それではその冒頭を見てみよう。

日記冒頭は「咸豊弐年壬子二月朔日ゟ十二月迄」（ただし『那覇市史』では翻刻していない）となっており、彼が御物城に就任した一八五二年は中国年号で表記されている。翌年の記事の冒頭には「咸豊三年癸丑」と表記され、これも中国年号である。すなわち、同一人物が同時に記した日記であるにも拘わらず、年表記は私日記『福地家日記』が干支であるのに対して、公日記『御物城高里親雲上唯紀日記』では中国年号が使用され、異なっているということになる。

それでは、彼は何故異なる年表記を用いたのだろうか。この点を考えるにあたり、『御物城高里親雲上唯紀日記』の最初の記事、唯紀が同職に就任した咸豊二（一八五二）年二月一日条を見てみよう。同日条は前に本書第一章第二節にて、一部省略を入れて提示したが、今回は省略なしで全文提示する。但し、本節では訂正部分など細かい点を確認する必要はないため、文字情報のみを提示する。

言上写

一、請、御物城仲宗根親雲上跡役　泉崎村嫡子　金城筑登之親雲上

以上

子　二月朔日　御評定所筆者　宮城筑登之親雲上

同　比屋根筑登之親雲上

言上写

一、請、南風原間切仲本之名島
泉崎村嫡子　金城筑登之親雲上

子
二月朔日
御評定所筆者　宮城筑登之親雲上
同　真栄城筑登之親雲上

一、右言上写両通問役持参有之候付、広間江招入頂戴之。左候而相伴壱人罷出、茶菓子・吸物壱ツ・取肴壱ツ・焼酎致馳走。引出物弐本入扇子一箱。佐事者弐番座ニ而吸物壱ツ、引出物銭弐貫文相進候事。

附、先々者茶菓子・吸物弐ツ・取肴壱ツ・硯ふた弐ツ・焼酎致馳走候処、御倹約ニ付、相減候也。

一、先役ゟ日記三拾六冊・給人帳壱冊・野菜肴代付帳壱さつ、次渡請取候事。
外、我那覇親雲上下巻日記壱さつ、いまた清書不相調由ニ而、次渡無之候也。

一、古御物城・大和横目・新古御仮屋守・別当・那覇筆者・問役・親見世役童子・若筆者、祝儀として被召出候付、茶菓子致馳走候事。

口語訳は本書二二～二三ページにてしているため、ここでは省略する。ところで、第一章第二節にて述べたように、右の言上写に見える「泉崎村嫡子　金城筑登之親雲上（きんじょうちくどぅんぺーちん）」が唯紀（いき）である。そして次も、前に述べたが、琉球士族の家名は領地する場所によって変化する。日記に書写された、咸豊二（一八五二）年二月一日付言上写が、唯紀のことを「金城筑登之親雲上」と記した最後の史料であって、この日、唯紀は御物城に就任すると同時に仲本の名島（例外的に地頭地を伴わない名目上の家名）を賜る。そのためこの日以後は仲本親雲上（ぺーちん）として史料上登場するようになる。そして半年後の八月五日に久志間切辺野古（くしまぎりへのこ）地頭に任ぜられることにより、最後の呼称、高里親雲上へと変化する。

さて、福地家が所蔵する『御物城高里親雲上唯紀日記』は下書き日記であって、この後、清書された日記が親見世に提出されたことを既に述べた。であるから、この日記は、御物城なる唯紀個人が記したものではあっても、本来はあくまでも役所の日記なのである。唯紀は、私日記『福地家日記』では馴染みある干支の年表記を用いたが、公日記『御物城高里親雲上唯紀日記』では、それが公的性格を有する故に中国年号を使用した。敢えて公と私で、年表記を分けて日記を記録していたわけである。

もう一点、右史料で注目されるのは、前掲した私日記『福地家日記』の御物城就任記事と比較すると、公日記『御物城高里親雲上唯紀日記』の記述の方が格段に具体的かつ詳細という点である。この点を踏まえ、次に公私両日記の記載内容の比較に移りたい。

公私両日記の記載内容の比較

唯紀御物城在任中の両日記について、まず日付を比較すると、私日記が記された日には必ず公日記も記されているのに対して、公日記が記された日に必ずしも私日記が記されているわけではないことに気づく。例えば公日記『御物城高里親雲上唯紀日記』が書き始められた咸豊二（一八五二）年二月は、一、二、三、四、十、十一、十二、十三、十六、十七、十九、二十、二十一、二十三、二十四、二十五、二十六、二十八日の計十八日分の記事が残っているものの、私日記『福地家日記』の子（一八五二）年二月は前掲した二月一日条しかない。二月一日条の次は四月五日条、その次は八月五日条、次が同月十七日条であるが、これらの日には公日記『御物城高里親雲上唯紀日記』にも記事がある。

もっとも私日記『福地家日記』子（一八五二）年二月一日条の直前には、「子年中」は「御用繁多ニ付、荒増致書留候也」との書き込みもある。子（一八五二）年は公務多忙のため、大凡でしか書き留めできなかったというわけだが、翌年以降を含めても、上記した事柄に変化はない。例えば、唯紀の御物城在任中、私日記『福地家日記』で月別の記事が最も多いのは翌々年の寅（一八五四）年正月であり、同月には、十、十一、十三、十四、十七、二十、二十三、二十四日の計八日分の記事がある。他方、公日記『御物城高里親雲上唯紀日記』の咸豊四（一八五四）年正月の記事は、一、六、七、十、十一、十二、十三、十四、十五、十七、二十、二十三、二十四、二十八、二十九日の計十五日分が記録されている。全体として、日記記録日数は公日記の方がはるかに多く、両日記の記主唯紀は、公日記の方だけを記すことはあっても、私日記の方だけを記すことはなかった。

また公私両日記ともに同日の記事がある場合、公日記の内容の一部が私日記の方で省略された事例は枚挙に暇ない。これに対して、私日記の内容はほぼ全て公日記に記載されている。その一例を一八五三年四月十九日条の両日記に見てみよう。まずは公日記『御物城高里親雲上唯紀日記』咸豊三（一八五三）

年四月十九日条、第一章第一節で使用したペリー来航記事である。引用は『那覇市史』からとする。

　　四月十九日

一、御奉行様御役々衆池城殿内より初而御招請ニ付、色衣冠ニ而御案内相勤候。然処御馳走央、異国船三艘沖相見得候付、御奉行様を始御役々衆御一同罷下り、早速親見世江出勤、諸事手組いたさせ候処、追付波之上沖江碇を卸候付、滞船中里主ハ惣御宿若狭町村岸本筑登之宅江御出張、私者沖寺江相詰候事。

　附、本文、異国船者亜米利翰国之船ニ而候也。

一、川上式部様御小姓死去ニ付、香奠として左之通目録取添、問役を以差遣候事。

　附、目録者、覚・以上なしニ而、裏之端下ニ名札押候也。

一、青銅十疋琉目五貫文　一、短香一把

一、右葬式ニ付、用頼差遣為致見送候事。

一、右付、川上式部様并御奉行様・異国方御役々衆、毎日式部様御宿江御座立被成候事。

それでは、もう一方の私日記『福地家日記』丑（一八五三）年四月十九日条である。

　　四月十九日

一、亜米利翰せん三艘来着いたし候事。

第一章第一節でも見たように、公日記『御物城高里親雲上唯紀日記』では、米国船来着関連記事と薩摩役人川上式部小姓死去関連記事の二つに大別できるが、私日記には後者の川上式部の小姓死去関連記事が記されていない。御物城にとって那覇在住の薩摩役人との折衝は、重要職務の一つであるため、公日記には記されるのに対して、日常的に行われるかかる事柄は、私日記に記載するほどの重大事とは認識されなかったのであろう。よって、唯紀の個人的な関心を知る上で最適な日記は、私日記『福地家日記』の方といえる。

もう一点注目されるのは、両日記とも記されている米国船来着について、私日記の方が格段に簡潔化されている点である。これについては、前に見た唯紀本人の御物城就任記事と同じ傾向である。公日記『御物城高里親雲上唯紀日記』の方では、任命書全文を日記に書写した上で、任命時のもてなし、先例との整合性、必要資料の引き継ぎまでもが詳細に記されていたが、私日記『福地家日記』では「拙者事、御物城被仰付、仲本之名島被成下候」の一言で終わっていた。公私両日記で重複記録される事案については、私日記の方が格段に簡潔化されるのだが、同時にこれは、一方の日記が他方の日記を転写しているわけではないことを示している。

しかしながら、上掲してきた御物城就任記事やペリー来航記事のみを見ると、私日記『福地家日記』は公日記『御物城高里親雲上唯紀日記』の目録のような印象もうける。そこで、この点について、公私両日記の一八五三年四月二十一日・二十三日条を見てみよう。まず公日記『御物城高里親雲上唯紀日記』咸豊三（一八五三）年四月二十一日・二十三日条からである。

同廿一日

一、亜米利翰船壱艘来着いたし候事。

（他一ヵ条省略）

同廿三日

一、亜米利翰船壱艘来着いたし候事。

公日記の方では、四月二十一日に米国船一艘が来着、二十三日にさらに同国船一艘が来着したとされている。これに対して、私日記『福地家日記』丑（一八五三）年四月二十一日条は記事自体が存在せず、二十三日条では次のように記されている。

同廿三日

一、同国（米国）せん二艘右同（来着）。

私日記では二十一日の記述がない代わりに、二十三日条で米国船二隻来着となっており、同一人物が書いた二つの日記に矛盾が生じているのである。同年七月においても公日記では十六日条「亜米利幹船壱艘致出帆候事」、十八日条「右同国（米国）之船一艘致出帆候事」とされるに対して、私日記では「同十六日ゟ十八日迄」との日付が立項された上で、「同国（米国）せん弐艘出帆いたし候事」と、まとめて記述されている。七月条の場合、矛盾は生じていないが、私日記は後からまとめて記述されていることがわかる。

唯紀は公私両日記を記述する際、同時に二つを筆録するわけではなく、公務としての公日記を優先する姿勢が見られる。そして、後から私日記を記すに際して、先に書いた公日記を参考にしながらという慎重さは持っていない。記憶に頼って、公日記とは全く独立して私日記を記載する。そのため、記憶に相違があった際には、同一人物が書いた二つの日記に矛盾が生じる事態となるのである。

私日記に記されるが、公日記には記されない事例

唯紀執筆の公私両日記について、私日記の内容はほぼ全て公日記にも記されており、公日記の方が詳細であることは前述した。ところが、これに反し、私日記の内容が、公日記には記されない事例も僅かに存在する。そこで、次にその二事例について個別具体的に見てゆきたい。まずは公日記『御物城高里親雲上唯紀日記』咸豊四（一八五四）年正月十日条からである。

　　正月十日

一、亜米利幹国火輪せん三艘致出帆候事。

一、
　佐敷按司加那志様此間ゟ之御不例、極々御大切御成被遊候間、其段御仮屋方可申上旨、表御方ゟ御問合到来付、川上式部様并御在番所・産物御目附衆者私ゟ申上、定式産物方・異国方御役々衆・足軽迄那覇筆者を以申上させ候処、無間も被遊薨御候段、御鎖之側御下り、式部様并御在番所御届被申上置候間、余之御役々衆・足軽者、此方ゟ御届相成候様、可取計旨被仰聞候付、御銘々那覇筆者を以御届申上させ候。委細之儀者那覇筆者日記ニ相見得候事。

一ヵ条目が米国船三隻出航記事。二ヵ条目は佐敷按司順徳（尚泰王祖母で尚灝王妃）逝去記事である。この記事の口語訳は既に二九ページにて掲げており、かつ本節では内容自体は重要ではないため、ここ

では省略する。

次に私日記『福地家日記』寅（一八五四）年正月十日条を見る。

正月十日

一、亜国火輪せん三艘江戸之様江致出帆候事。

一、

佐敷按司加那志様被遊　薨御候付、翌々十二日白朝白冠白帯ニ而御書院并

聞得王君御殿参上、御悔申上候事。

一、亜船壱艘江戸之様致出帆候事。

こちらも一ヵ条目は米国船三隻出航記事、二ヵ条目は佐敷按司順徳逝去記事となり、記事はこれまでに見たとおり公日記の方がより具体的である。問題となるのは、私日記三ヵ条目の米国船一隻出航記事（四隻目の出航）であり、前に見た公日記『御物城高里親雲上唯紀日記』にはこれが記されていない。

私日記『福地家日記』にて、同じく江戸へ向けて米国船が出航した記事を、一ヵ条目に三隻、三ヵ条目に一隻と分けて記した理由は、出航のタイムラグにあったのではなかろうか。一度目に三隻が同時に出航、相当の時間が経過した後、一隻が後を追って出航した故に分けて記載されたのであろう。四隻目の出航時には、唯紀は公日記『御物城高里親雲上唯紀日記』を既に書き終えており、しかも追記を忘れた。対して私日記では二ヵ条目中の「翌々十二日に（中略）御書院と聞得王君（きこえおうきみ）に参上してお悔やみを申し上げた」に見られるように、十日条を書いたのは後日、少なくとも十二日以降であった。そのため、

記憶を辿って問題なく四隻目の出航を記せた可能性が考えられる。

二例目は私日記『福地家日記』子（一八五二）年九月条であり、次のとおりとなっている。

　九月

一、嫡子唯延事、此節異国方御用ニ付、御下被成候御小姓与番頭川上式部様別当被仰付候。御仮屋守ハ伊集親雲上。御側御用聞ハ泉崎村嫡子宮平子江被仰付候事。

口語訳は次のとおりとなる。

一、嫡子唯延が、このたび異国方の御用のため、（琉球に）下ってきた御小姓与番頭の川上式部様の別当を仰せつけられた。御仮屋守は伊集親雲上である。御側御用聞は泉崎村の嫡子の宮平子に仰せつけられた。

嫡子唯延の川上式部別当（薩摩藩からの使者の接待役）就任記事であり、私日記のためであろう、嫡子唯延の動向が文面上のメインとなっている。その他の諸職就任者は付帯情報的な書き方と言って差し支えない。『福地家日記』九月の記事はこの一ヵ条のみで、公日記『御物城高里親雲上唯紀日記』には本件に関連する記事はない。

さて、右の史料で注目されるのは日付の記載がない点である。日付がない記事は序文直後の回想録に多く見られる傾向であるが、本日条も一定の日次が経過した後に記したため、正確な日付がわからなくなったのであろう。つまり、本日条は記主嫡子の役務への就任記事であるにも拘わらず、当初は私日記にすら記載されていなかったことになる。前述したとおり、薩摩藩関係問題は親見世の重要職務の一貫であるため、本来であれば右の事案は公日記に記載しておかなければならない。そこで類例として嫡子唯延がこの後、川上式部別当から在番奉行谷川次郎兵衛別当に転役となる一八五三年十二月一日の両日記を見てみよう。まず公日記『御物城高里親雲上唯紀日記』咸豊三（一八五三）年十二月一日条である。

十二月朔日

一、私事、大和横目相勤置候勤功を以、宮古御蔵大屋子、親類泉崎村嫡子志良堂筑登之親雲上江代役被仰付候事。

一、新御仮屋守・別当・那覇筆者・問役・親見世言上相済候付、用頼差遣名札を以祝詞申入候事。

口語訳をしておく。

一、私（記主唯紀自身）は、大和横目を勤めた勲功により、宮古御蔵大屋子に任じられ、（自身御物城在任中ゆえ）その代役として親類の志良堂筑登之親雲上が任じられた。

一、新任の御仮屋守と別当と那覇筆者と問役が親見世に言上（挨拶）を済ませ、親見世からは用頼を派遣して在番奉行所に名札で祝詞を申しいれた。

この件は私日記『福地家日記』丑（一八五三）年十二月一日条では次のように記されている。

十二月朔日

一、私事、大和横目相勤候勤功労を以、宮古御蔵大屋子、親類泉崎村嫡子志良堂筑登之親雲上江代役被仰付候事。

附、現勤者忰三男江相勤させ候也。

一、嫡子唯延事、御奉行谷川次郎兵衛様別当江転役被仰付候。御仮屋守ハ屋嘉部筑登之親雲上、御側御用聞糸数子ニ而候事。

まず一ヵ条目は、自身の那覇役人としての功績による恩賞が公私両日記に同文で記されている。違いは公日記で「勲功」とされているものが、私日記では「勲功労」とされており、「労」一字の有無のみである。そこで二ヵ条目の口語訳のみ次に示す。

一、嫡子唯延は、在番奉行谷川次郎兵衛様の別当に転任を仰せ付けられた。御仮屋守は屋嘉部筑登之親雲上、御側御用聞は糸数子である。

二ヵ条目は一転して文面が全く異なる。後から提示した私日記の方では、前掲した子（一八五二）年九月条と同様、嫡子唯延の任職が文面上のメインであるのに対し、前に提示した公日記の方では個人名を挙げずに、新在番奉行付職員他、新任親見世職員全体の動向を記している。一ヵ条目が同文であることを踏まえると、二ヵ条目は、公・私両日記の違いを明確に意識して、意図的に文面を変えたと見て誤りなかろう。両日記の記主唯紀は、これほどまでに公私の峻別を明確にする人物であることがうかがえる史料となっている。そして、そのような表現方法の峻別はあるが、薩摩関係の親見世役人就任記事自体は公日記『御物城高里親雲上唯紀日記』に記されており、一八五二年九月の川上式部付職員任命記事が公日記に記されなかった理由は、単なる記載もれと考えてよい。この記事は何かしらの理由により当初、公私両日記ともに記載されていなかった。しかし後日、内容が嫡子転役の事であるため、私日記への記載を思いつく。その段階では正確な日付がわからなくなっており、それ故に公日記には追記できなくなってしまったものと考えられる。

以上見てきたように、唯紀執筆の公・私両日記は、一方が他方を写したり、略述したりするものではなく、それぞれが独立した日記であった。内容では、同一事案についての記事の詳細さが全く異なり、公日記『御物城高里親雲上唯紀日記』の方が、私日記『福地家日記』よりも格段に詳細に記述されている。また私日記が記された日には、ほぼ必ず公日記も記されているのに対し、公日記が記された日であるからといって、必ずしも私日記が記されるわけではない。記主唯紀は職務上書き記す必要があった公日記の方をより優先して記していたのである。

公私両日記の相違点はこの他にも存在する。これらの日記では年表記の方法が異なり、公日記『御物城高里親雲上唯紀日記』では中国年号が使用されるのに対し、私日記『福地家日記』では日常的に使用される干支が使用されている。嫡子唯延が関わる親見世役人の任役記事では、公日記の方は第三者的立場から記されていた文面が、私日記では唯延をメインに記されるようになる。記主は明らかに、公・私両日記の役割の違いを意識し、年表記方法や文面を変えているのである。

さらには、公日記への記載忘れも見られたものの、私日記に記された事案は公日記にも記される。この点もまた、公日記を優先する記主の意識の反映と見ることが可能であろう。しかしながら、同時にこのことは、少なくとも御物城在任中の私日記には公的事案しか記載されていないと言い換えることも可能である。記主唯紀の個人的な関心は何に向けられていたのか。何故彼は私日記をつけ始めたのか。この点について、次節でさらに検討を深めてゆきたい。

二節　琉球の日記にみる公から私への転換

日記研究における前近代琉球日記研究の意義

ここで少しだけ目を福地家日記史料群から外し、日本と琉球の日記の歴史を見てみたい。日本では、奈良時代の末以降、内記日記・殿上日記、外記日記・近衛陣日記・検非違使日記等の公日記が付けられていたことが知られる。しかし、それらはいずれも、平安時代末までに廃絶、今はごくわずかの逸文が残るに過ぎない。代わって平安時代中期以降、貴族層による私日記が急速に広がりをみせる。古代日本においては、公日記が私日記に先行して盛行していた。

翻って琉球の日記を見てみると、初期の日記として、梅木哲人氏が「旧琉球藩評定所書類目録」中より、首里王府評定所の最古のものとして康熙十（一六七一）年の日記の存在を指摘しており、国際貿易港那覇を管轄する親見世（おやみせ）の日記は、乾隆元（一七三六）年以降のものが一部現存している。毎日書き継がれる日次記（ひなみき）ではなく、特定の事案について記録されたものとしては、康熙五十八（一七一九）年の『冠船日記』、雍正十一（一七三三）・十二年の『朝鮮人拾壱人慶良間島漂着艦船を以送越候日記』、乾隆六（一七四一）・七年の『大島より送参候漂着唐人滞在中日記』などが現存しており、十八世紀初頭から広汎に公日記が作成されていたことがうかがえる。他方、私日記については、乾隆四十九（一七八四）年から嘉慶二十一（一八一六）年にかけて記された『三司官伊江親方朝睦日記』、道光二十八（一八四八）

年から明治十二（一八七九）年の『福地家日記』など、十八世紀末から十九世紀にかけて記されたものがごく僅か現存するばかりで、近代を迎えることになる。琉球においても日本同様、公日記が私日記に先行して盛行したことになる。

ともに公日記が私日記に先行して盛行した日本・琉球の初期日記は、日本では古代に誕生するため多く散逸しているものの、琉球では十七世紀後半誕生である故に、初期日記という範疇で考えれば、琉球の方に多く現存していることになる。このことは、琉球の日記研究、ひいては福地家日記史料群の研究が、琉球史の枠に止まらず、日記そのものの研究に大きく寄与できる可能性があることを示していよう。

さて、前節で見てきた『福地家日記』は、高里親雲上(ぺーちん)唯紀(いき)・福地親雲上唯延(いえん)父子によって書き継がれた、前近代琉球では貴重な私日記である。それと同時に、同記には冒頭に序文が記され、序文の末尾には「道光弐拾八（一八四八）年戊申四月」とあり、起筆時期が明確にわかる点においてもまた貴重な日記である。

その序文には「万事之成行等致日記置候ハヽ、我身一分之為而已ならす、子孫永代之補益不少由候」、すなわち「万事の成り行きを日記に記していたならば、自分の為のみならず、子孫まで永代の役にたつ」とあり、『那覇市史』第二章「解説」を執筆した豊見山和行氏は、日記作成の目的を「在任中の公務や先例、家族・一門内外のできごと等を子孫へ熟知させること」とする。序文表記より導き出された氏の指摘自体について異論はないのだが、日記に記された「万事」の具体的な中身、すなわち日記に何が記され、反対に何が記されないのか。或いは記された記事の長さや短かさなどを時期毎に検討してゆくことで、記主の問題意識及びその変化に、さらに深く迫ってゆくことが可能となろう。

前節では『福地家日記』唯紀執筆期に、同人が御物城在任中、職務として公日記も併せ記していた点に注目し、公私両日記の記載内容や表記方法について比較検討した。私日記『福地家日記』に記載された事案は、ほぼ全てが公日記にも記載されており、御物城在任中の『福地家日記』には私的事案は一切記載されておらず、同記は公的側面が極めて強いことを指摘。その上で、記主の個人的な関心は何に向けられているのか。何故記主唯紀は、私日記をつけ始めたのか、を明らかにする課題を提示した。本節では、かかる問題について検討することで、記主の日記に対する意識が、記録し続けることによっていかに変化してゆくのかをさぐってゆき、もって日記の発展について考えてみたい。

日記の起筆契機

前述したように、日記序文にて、起筆は道光二十八（一八四八）年四月とされている。序文直後には年次が遡り、辰（一八四四）年から記事が書き始められているのだが、これは「此下未（一八四七）年迄者日帳不致。以前之事覚之儘大体致□□□□」、すなわち「これより以後未年までは日ごとに書き付けていない。以前のことを覚えているままに大体を□□□□（書きおくなどヵ）」と、回顧録であることが記されている。回顧録の記事内容を見てみると、異国船来航、薩摩役人の動向、中城王子等王府要人逝去記事など、いずれも公的事案ばかりである。唯紀本人が関わる内容としては、大和横目就任（午（一八四六）年六月条）、那覇惣横目就任（同年十二月一日条）などがあるものの、役務への去就問題に限定されており、それらも公的事案と見なすことが適当であろう。すなわち、回顧録記事は全て、公的事案に限定され記述された。

それでは、唯紀が日次記を書き始めた契機は何であったのか。或いは本記は一八四八年四月の何日から書き始められたのか。同月の記事全体を見てみたい。

四月十四日

一、軽使新納真助殿・足軽一人御下被成候事。

（付文省略）

同十日

一、摩文仁按司御乗船御入津。御継目御願通為相済由承知仕候事。

一、右ニ付、江戸江之御礼使者、来戌年御登之筋ニ御国元ゟ為被仰渡由承知仕候事。

一、右通急々之御登相成候付、御国元ゟ御銀八百貫目五ケ年之間無利拝借為被仰付由承知仕候事。

同十四日

一、右ニ付、正使玉川王子・副使野村親雲上・讃議官我謝親雲上・楽奉行伊舎堂親雲上・議衛正高嶺里之子親雲上・掌翰使伊野波里之子親雲上、其外役々過分之事ニ而書留略ス。

同十八日

一、今日奉行衆ゟ岸本親雲上・安慶田親雲上・大湾親雲上・私、四人御用有之、致登　城候処、御所帯御方御物御遣羽御不足之由ニ而、御借入銭掛被仰付候事。

一、右ニ付、筆者四人・仮手代三人被召付候。詰所ハ親見世、上檀敷物ハ宮古御蔵ゟふくゐ三間莚六枚、印紙を以拝借、筆紙墨も印紙を以御用物ゟ被下候事。

同廿八日

一、御継目為御祝儀、朝衣冠ニ而中城御殿参上仕候事。

一、右御祝儀ニ付、言上写三司官座敷内間親方・安室親方、紫冠嘉手納親雲上・添石親雲上、御双紙庫理高志保親雲上、平等之側浦崎親雲上、泊地頭与那覇親雲上、申口方吟味棚原里之子親雲上、御用意吟味与那原親雲上、御書院当川平親雲上・宜野湾親雲上、申口座三人・名島両人座敷以下多人数之事ニ而略ス。

冒頭は四月十四日であるにも拘わらず、直後は十日と日付が逆転し、さらに再び十四日に戻っている。以後は十八日、二十八日と時系列に記述がなされている様子を看取できる。月については、冒頭記事のみ「四月」とされており、以後は「同」で記されるため、記載した順番は四月十四日条からと見て誤りない。

前節で指摘したように『福地家日記』では、後からまとめて複数日の記事を記している様子が散見される。その際、日付の前後を誤って、後の日付の記事を先に書いてしまい、その後で、前の日付の記事を書くミスを時々犯している。そのため、実のところ、四月十日の記事が、十四日の後に来ているケースはそう珍しい事例ではない。但し、そのような記主自身の錯誤の際には、本来なら後に書くべき日付の脇に「下」などと記し、反対に本来前に来るべき日付の脇には「上」などと書き、記事の前後関係を逆転させている。しかし、右史料、四月十四日条の場合は、同じ日の記事が一方は十日条の前、他方は後に来ているため、記主の錯誤ではない。また、記事の脇にも「上」「下」などの記事前後関係訂正を示す表記はない。明らかに記主は意図的に十四日条の一方のみを十日条の前に出しているのである。それでは何故に記主は、四月十四日条を二つに分け、一方のみを十日条と逆転させて先頭に出したのであろうか。

記主唯紀には同じ案件をなるべくまとめて記述しようとする特徴が見られる。その一例として卯（一八五五）年九月二十三日条を次にあげておく。

　　九月廿三日

「辰（一八五六）四月御入津。午（一八五八）七月六日御出帆ニ而候也。」

一、亡小松相馬様御代として諏訪数馬様追々御下被成筈ニ付、御仮屋守者西村我那覇里之子親雲上、
　別当同村富永筑登之江被仰付候事。

一八五五年九月二十三日に諏訪数馬琉球下向情報がもたらされたことに伴い、御仮屋守（おかりやもり）と別当（べっとう）（ともに薩摩藩使者の接待役）があらかじめ任命されたことが記されるが、同時に、彼が翌年四月に琉球に着任したこと、さらにその二年後の七月六日に離任したことが併せて行間に補書されている。この他、辰（一八五六）年七月二十八日条においても帰帆接貢船が風不順につき、薩摩に漂着した報告が琉球にもたらされた様子を記すと同時に、行間補書にて、同船が九月に那覇入津した旨も併せて記述されている。

そこで、改めて四月十日条の内容を見てみると、「御継目」すなわち前年に崩御した尚育王の跡継ぎが薩摩側に認可された旨が記され、直後の十四日条も同案件についての内容が記載されている。どちら

も新国王尚泰即位関連記事であるため、記主唯紀は両記事を連続させるために、十四日条の軽使新納真助下向記事を、十日条の前にわざわざ出して、日記を書き始めたものと思われる。十四日に日記をつけ始めた段階で、記主は、この後、新国王即位関連記事が連続すると考えたのであろう。ところが、実際には十八日に別件、呼び出しをうけて首里登城し、所帯方（しょたいほう）の費用不足による借銭を命じられる事案が生じてしまった。その時には既に、十日・十四日の記事を書き終えていたために、十八日条はそのまま時系列順で記したのであろう。よって『福地家日記』の起筆は一八四八年四月十四日であり、新国王即位が契機になったと考えられる。

それでは、唯紀（いき）が日記を起筆する契機となった尚泰王即位に関して、彼自身は那覇役人としていかなる役割を担い、いかなる職務の先例を子孫に残そうとしたのであろうか。尚泰即位の申（一八四八）年五月八日条を見てみよう。

五月八日
一、尚泰様当年御六歳ニ而御座候事。
一、今日巳之時
尚泰様被遊　御即位候付、親子四人朝衣冠ニ而早朝登　城、上之御庭江扣居、通御之砌乍立手を合、跪一礼、手を合つくはい、美御迎仕候。左候而去年九月以来御位頂戴・役儀昇進之方罷出、四ツ御拝有之。済而御座拵相直し、惣人数罷出、子之方江唐御拝仕、又以御座拵相直し殿下江唐御拝相勤候事。

附、美御迎之勤相済、兼而村所ゟ被相渡置候帳当座々印之札持参、御評定所入口ニ而引合、於
奉行衆御座御前、飯ニ二汁一菜之御料理頂戴仕候事。

口語訳は次のとおりとなる。

一、（新国王の）尚泰様は今年六歳である。

一、今日巳の時（朝十時頃）、尚泰様が即位されるため、親子四人朝衣冠（の正装）にて（首里）城へ登り、上之御庭で控え、（国王が）通る時、立ったまま手を合せ、（その後）跪いて一礼し、（その後）手を合せて蹲い、美御迎をした。そして去年九月以降に位を頂戴した者と役職が昇進した者が進み出て、四ツ御拝をした。それが終わって、元の座に戻り、全員で進み出て、北の方角に唐御拝をし、又元の座に戻り、殿下へ唐御拝をした。

付けたり、美御迎が終わった後、かねて村から渡されていた帳当座の印（が捺された）札を持参し、評定所の入口で照合し、奉行衆座の前で、飯と二汁一菜の料理を頂戴した。

国王即位儀礼記事において、当然ながら那覇役人は、その他大勢の一員にすぎない。総人数で「美御迎」を行った後は、食事を支給された、という程度の内容である。つまり、国王即位儀礼を日記に書き残す意義は、自身及び那覇役人の職務の先例を子孫に伝えるというよりも、王の即位という国家的セレモニー自体を記録することにあったと考えられよう。唯紀が日記をつけ始めた契機は、福地家の事案でも、自身の職務遂行でもなく、国家的セレモニーの記録にあった。回顧録が全て公的事案に限定されていることにも見られるように、当該期の日記は、公的な事案を記録しておくことに意識が注がれており、

記主の視線は、職務の先例を子孫に残すという点以上に、琉球国家・社会全体の動向に向けられているものと考えられる。

日記に記された変異

さて、公的事案にほぼ限定され執筆された初期の『福地家日記』中には、一見すると私的な興味関心から記述されたかに見える事案もある。特に酉（一八四九）年六月条は、当該期の日記中、異例の長文であり、記載事案に対する記主の強い関心がうかがえるものとなっている。まずはその条文全体を見てみよう。

六月

一、浦添間切城間村之儀、当正月頃ゟ時々人家火燃出、三月頃ゟ者毎夜三・四ケ所ニ及候故、村中驚入、家々明通しニ而致守護候上、色々祈願等仕候得共不相止。終ニ弐軒者及焼失候付、閏四月十九日ニ者出家衆三人頼入致祈祷候処、其翌日ゟ右之災難為相止由。将又仲島上之道鳩小山之前ニ有之候仲村子借家無系上江洲筑登之親雲上住居所江、閏四月十七日之夜、何方ゟ与者不相知礫投入候付、家主共忍出相伺候得共人影不相見得。礫者弥繁投入候付、不思議ニ存、戸を立廻し候処、戸壁ハ不破して、礫内ニ入、或者天井抔ゟも落入、人又ハ諸道具等ニ当り疵付候も有之。至翌日も其通之振合故、是只事ならすと至極驚入、方々占方之上、色々祈願等いたし候へとも不相止。或者童子共守用ニ飾置候刃物并箱櫃類ニ格護仕置候諸道具等取出し相投、或者仏神ニ手向置候仏餉少ツヽ相減リ、或者鍋ニ入置候唐いも取散し、其外段々荒気之挙動有之候。然内去月九日隣所之無系仲村渠築登之や家、無故して及焼失候付、若哉右奇事此火難之前表ニ而、仲村渠宅江為引移ニ而も可有之哉与、人々取沙汰いたし候処、其翌日ゟ右上江洲宅并仲村渠仮ニ作置候小屋、昼夜時々火燃出、至極不思議之奇事ニ而、出家衆三人家主より頼入、七座之祈祷等いたし候へ共不相止。時々及騒動候付、村向ニ士四人・百姓四人ツヽ昼夜番為致候上、士之年方共色衣着ニ而、村内之祈願所江致立願。尤折節中島小堀致浚方候付、其川神之崇(祟)共ニ而も可有之哉与申方も有之候付、是又神道家頼入致祈念、且家主仲村子江申付、稲荷祭等為致候得共、是以も不相止。矢張右同断之挙動故、人々奇異之思ひをなし、見物ニ差越候方も挙而難数、御仮屋方も不思議ニ被思召、足軽共忍廻被仰付、村向ニ相立置候番人共打込、折角勤居候内、天井ゟ猫之様成者相下り候を番人共見付候付、夫ゟ以後右之災難無之由。扨又頃日首里町端辺ニも大体右ニ為似寄奇怪為有之由。旁誠ニ古来未聞之奇怪。若哉稲荷之仕業抔ニ而ハ有之間敷歟与致推察方も罷在候。されは天地の間ニ者右式之変事も有之事候得者、常々深可恐可慎儀候。仍而後来心得之為ニも可相成哉与、染禿筆候事。

大変長い記事ではあるが、単純に読むだけでもおもしろい記事であり、次に口語訳する。

六月

一、浦添間切城(まぎりぐすくま)間村で、今年の一月頃より時々人家に火が燃え出し、三月頃よりは毎夜三・四ケ所に及ぶようになったため、村中で驚いて、家々を一晩中護った上、色々な祈願を行ったが、一向に止まない。終に二軒は焼失してしまったので、閏四月十九日に僧侶三人に頼んで祈祷してもらったところ、その翌日より災難は止んだということである。また仲島の上之道の鳩小山の前にある仲村子の借家、平民上江洲筑登之親雲上住居に、閏四月十七日の夜、どこからともなく石ころが投げ入れられたので、家主たちは（家を）忍び出て調べたのだけれども人影は見えない。石ころはいよいよたくさん投げ入れられたため、不思議に思って、戸を立て廻したところ、戸や壁は破らずに石ころが（家の）中に入ってき、或いは天井などからも落ちてき、住人やいろんな道具等にあたり、傷つくものもある。翌日になっても同じようなありさまであるため、これはただごとではないと大変驚いて、方々で占いを行った上、いろいろ祈願等もしたのだけれども止まない。或は子どもたちのお守りのため飾って置いた刃物や箱の中に入れて置いた諸道具などを取り出して投げたり、或は仏神に手向けて置いた仏餉（お供えの御飯）が少しずつ減り、或は鍋に入れて置いた唐いもを取り散らかしたり、その外荒々しい振る舞いがあった。そうしていると先月（五月）九日、隣の平民の仲村渠築登之の家が、理由もなく焼失したため、もしやこの怪しいことは火難の前兆で、仲村渠の家に移ったのかもしれないと、人々は話しをしていたところ、その翌日より右の上江洲宅と仲村渠が作った仮小屋に、昼夜時々火が燃え出し、大変不思議の奇事であるため、僧侶を三人、家主から頼んで七座の祈祷などをしたが止まない。時々騒動が発生するので、村で士が四人・百姓が四人ずつ昼夜番をした上、士の年長者が色衣（の装束）を着用して、村内の祈願所で立願した。もっともその節、中島小堀を浚った（掃除した）ため、川神の祟りかもしれないと言う人もいたので、神官に頼んで、入念に祈念をし、かつ家主仲村子に申して、稲荷祭などをさせたけれども、それでも止まない。やはり（どうしても）右のような出来事が生じるため、人々は奇異の思いを持って、見物に行く人も数え切れない。（薩摩の）在番奉行所の方でも不思議に思われ、足軽などに巡回を仰せつけられ、村に立てた番人とともに勤めをしていたところ、天井から猫のようなものが降りてくるのを番人が見つけ、それより後は、このような災難がなくなったとのことである。さて最近は首里町端（郊外）の方でも大体これと同じような奇怪なことがあったということだ。誠に前代未聞の奇怪である。もしかすると稲荷の仕業などではないかと推察する向きもある。されば天地の間（の現実の人間社会）にはこのような奇怪なこともあるので、常々深く謹まなければならない。よって後の心得のため記録しておく。

薩摩在番奉行所が民事介入しており、政治的にも興味深い史料である。あくまで伝聞記事ではあるが、少なくとも薩摩役人の民事介入が那覇役人に信じられる世界は実在していたわけである。叩けば埃が出そうというか、もっと広がりが出てきそうな史料ではあるが、しかし本書の論点はそこではない。浦添間切城間村にて同年正月頃より人家火災が頻出し、閏四月十七日よりは那覇、泉崎村籍内仲島にても上江洲筑登之親雲上宅に礫が天井・戸壁をすり抜けて飛び込み、最近では首里町端にても同様の変異が発生しているとされている。このような変異記事は卯（一八五五）年正月二十四日条にも見え、ここでは首里当蔵村新垣筑登之親雲上宅に寛永通宝が空から断続的に降り、半月程の間に七貫四五百文にまでなった旨が記されている。この他、回顧録記事中の未（一八四七）年二月条にても「首里鳥小堀御飼立之魚・うなき、都而為死浮由承候事」と、首里の鳥小堀で養殖していた魚や鰻が全て死んで浮いてしまった、などとする変異記事が記される。日次記（ひなみき）と比べると、回顧録は記事数が少なく、例えば前々年の一八四五年については「巳年之事ハ能不覚候付、書留略ス」とされている程である。その中での変異記事執筆であるため、本件に対する記主の強い関心がうかがえよう。公的事案を中心に記していた『福地家日記』に、記主は何故かかる記事を残したのであろうか。

福地家が所蔵する日記史料群の中、『異国日記』道光三十（一八五〇）年六月二十六日条の紙背には、次の文書が残されている。

証文

一、諸士百姓善行之類
一、国中奇妙之類
一、鳥獣草木変異之類
一、雷落山河人家破敗之類
一、潮満干不時之類

右之条々御系図座江記事組立被仰付、国中不常為替儀、大小共其外ニ茂珍事相見得候ハ、、則々申出候様、被仰渡趣、奉其意候。依之与中参会吟味仕候得共、何そ珍事無御座候。若於後日珍事有之候段、脇より露顕仕候ハ、、其沙汰可被仰付候。以上。

戌（一八五〇）
正月

与中石川筑登之親雲上女子
思戸
同福原筑登之親雲上女子
真蒲戸
同故小那覇筑登之親雲上女子
眞牛
同故糸数筑登之親雲上女子
思戸
同故友寄子女子
思津那
仮与頭
仲村渠筑登之親雲上㊞

同様文書は同記紙背に多数残されており、内容は那覇四町の五人組から親見世へ、前年に変異がなかったことを示したものである。かかる報告を受けて、親見世では「那覇四町去年中記事可成ヵ条無御座候。此段首尾申上候。以上」（『親見世日記』乾隆五十三（一七八八）年正月二十二日条）、すなわち「那覇四町で去年中に記事になるようなことはありませんでした」と、那覇四町（西村・東村・若狭町村・泉崎村）分を統括して首里王府に提出する。その理由は「御系図座江記事組立」（『異国日記』紙背文書、戌正月付「証文」）と、「系図座で記事を組み立てるため」とされており、系図座にて編纂される琉球王国の正史『球陽』の材料となったと考えられる。実際に前掲した『福地家日記』酉（一八四九）年六月条の内容は『球陽』尚泰王二（一八四九）年条に、『福地家日記』卯（一八五五）年正月二十四日条は『球陽』尚泰王八（一八五五）年条に記載されており、変異情報の収集は、私的な関心事に止まらず、公的な職務の一環でもあった。

但し、前掲『親見世日記』乾隆五十三（一七八八）年正月二十二日条でも見たように、那覇役人としての職務は、あくまで那覇四町の変異報告に止まっている。『福地家日記』に記された変異は、那覇四町中、泉崎村管轄の仲島での変異以外全て、浦添間切や首里での問題であり、これは那覇役人としての職務先例の集積の枠を越えている。この点からも、記主唯紀の視線は、自身そして子孫のための職務先例集積以上に、広く琉球の国家・社会へと向けられていたものと考えられよう。

唯紀執筆期における日記の変化

これまで見てきたように、初期『福地家日記』の内容は公的事案にほぼ限定されており、中でも記主の眼差しは、国家・社会的事案に強く向けられていた。ところで、日記をつけ始めた半年後の申（一八四八）年十一月十九日条には次の記述が登場する。

同十九日

一、亡女子真鶴弐拾五年回忌弔いたし候事。

記主唯紀の長女（『譜代貝姓家譜正統』）真鶴の二十五年忌法要を営んだとする内容である。この短文記事は、日記中で純粋な私的事案が登場する初例であり、その後六年間、記事は公的事案に限定されている。すなわち初期日記における唯一の例外となっている。自身の長女の年忌法要にあたり、唯紀には特別な思いがこみ上げてきたのであろう。

ところが、彼が、親見世の統括役人、御物城を離任した一八五四年の後半に入ると、日記は変化を見せはじめ、次第に私的事案が増加してくる。寅（一八五四）年閏七月六日条では「仲村渠里之子親雲上所持之渡地借屋、銭四万五千貫文ニ而買入候事」、すなわち「仲村渠里之子親雲上が所持する渡地の借家を銭四万五千貫文で買い入れた」と見え、同年九月二十五日条では「先年買求置候新崎ニ有之候墓所開、修甫いたし候事」、すなわち「先年買い求めた新崎の墓を開いて、修補した」と、さらに同月二十七日条では「新崎ニ有之候墓所致修甫候惣入目料、大概六千貫文位ニ而候事。八月廿五日ゟつくり始、九月廿六七日迄ニ成就」として、その修補料と修補期間が記されるようになる。家や墓の購入は記主にとって、私的事案といえども、特別重要と認識されたのであろう。

他方で、同時期からは家の先例の蓄積と見られる史料も散見され始め、卯（一八五五）年正月八日条では「亡佐敷按司加那志様御三年忌内ニ而候得共、火之神江ハ正月賀札相飾候事」と、前年正月十日に逝去した尚泰王祖母（尚灝王妃）順徳（『福地家日記』同日条・蔡温本『中山世譜』）の三年忌内ではあったが、台所の火之神には正月の賀札を飾った様子が記されている。

さらにこの後、唯紀死去前年の巳（一八五七）年八月十七日条では「生年之祝として、村中朋輩衆相招候事」として、短文ではあるが、十二年毎に廻ってくる自身の生年祝い記事が登場するまでになる。相変わらず記載記事は、午（一八五八）年三月条・同年四月十二日条等の薩摩役人の動向や、巳（一八五七）年七月十九日条・翌年三月条等の王府要職人事などの公的事案が多いものの、新国王の即位を契機に起筆され、当初内容が公的事案に限定されていた頃から比べると、大きな変化といえよう。

上述のごとき、私的事案増加の他に、長文記載され、記主の強い関心がうかがわれる案件についても同様の変化を看取できる。そこで、次に一八五四年後半以降の唯紀執筆期における異例の長文記事、巳（一八五七）年九月十六日条を掲げる。

九月十六日

一、地頭所江初地入として、嫡子唯延・次男唯昌・外孫宮里子供一人相付差遣せ候。右付今日五ツ時分出立、首里道ゟ西原・浦添・宜野湾・中城・越来・美里罷通、石川村一宿。翌十七日五ツ時分同所出立。金武間切罷通、久志同村ニ而綾色衣裳大帯ニ着替、同日七ツ過時分村所着いたし候付、頭々浜辺ニ而出迎、直ニ前安部親雲上宅江罷出候処、多葉粉盆・煎茶・二献之吸物・焼酎・肴・休日等馳走有之。済而夜四ツ時分、頭々致帰宅候。翌々十八日四ツ時分、唯延者私名代ニ而色衣冠、唯昌・宮里者色衣着、村所ゟも頭々両人色衣冠ニ而罷出、神人両人・根人三人・掟・頭々三・四人召列、地頭火之神・根神・火之神之御嶽三ケ所、美花・御五水・仙香備上、四ツ御拝ニ而御立願仕、いつれも旅宿江召列罷帰、弐・三返盃取替いたし、神人以下皆々帰宅いたし候。御立願江出立之砌も、右通盃取替いたし候。右彼是済而みやけとして、村中四拾一家内江大小無構、一家内ニ付、和素めん九結・上茶一包・多葉粉一結・形付手拭一筋・干菓子五粒ツヽ相進候。左候而神人其外女老体之方ハ宝蔵壱ツ、男老人ハ多葉粉二結ツヽ、別段ニ相進し候。御立願相済候祝儀として、焼酎拾沸・素めん三拾斤・ふた（豚）肉四拾斤代として銭四百貫文兼而相進置候付、夫ニ而取仕立、村中老若男女とも掟屋江相揃、緩々相祝ひ為申段届承候。右戻掛与申掟・頭々五・六人旅宿江参り、今日者宮童とも召寄、哥・三味線・舞とも相見せ度段有之候付差免候処、皆々罷出色々の芸能ニ而一入慰ニ相成候。右付焼酎・肴差出致馳走、宮童共江ハ手渡として宝蔵一ツヽ相進候。十九日ニ者小楷船御作事用之御材木挽出候段承候付、差越致見物候処、誠ニ畏敷仕業与見及、硯水として焼酎一瓶取寄相与ひ候。明ル廿日ハ帰宅出立之賦ニ而、加籠かき夫・荷物持夫無間違未明寄せ候様、掟・頭々江相達候。廿日五ツ時分ゟ掟・頭々中老の女とも罷出、二献之吸物・焼酎・肴差出取替、済而みやけとして四拾壱ケ所之家内其外老人之男女ともゟ、芭蕉芋本ニして手拭・塩魚・干たこ等送来候付、皆々厚謝礼申述、九ツ頭時分旅宿出立いたし候。浜涯迄老若男女とも送来、同所ニ而送酌と申女共ゟ立なから盃取替有之。済而那覇之様罷登、入相時分石川村着、最初之宿石川筑登之宅江一宿。廿一日五ツ頭時分同所出立。桑江村上道ゟ北谷・宜野湾・浦添・泊村道筋ゟ罷通、七ツ時分致帰宅候。右夫之者共、爰元出立之砌者、素めんニ而大吸物。帰宅之上ハ焼酎・肴・軽き休目。翌朝者糝ニ而朝賄いたし候。誠ニ申迄なく事候へ共、往還とも天気快晴、道々の川渡も潮時宜、殊ニみやけ用之猪も致注文候処、望通狩相出来。就中右村港内ハ素ゟ魚入候儀至而少ク、漸ク四・五本ニ不過程之事候処、十六日七ツ時分大海ゟ魚沢山躍入候を見付、早速網を引候処、一時之間ニ百斤位之さくき魚取得、夫ニ而取持方無不足相達、喜悦仕居候段、村所頭々噺承、寔ニ奇特之至、是以掛ほさひ之瑞祥与存当、喜悦仕居候段届承、書留いたし置候事。

附

一、多葉粉ハ国分ニ而一結ニ七枚ツヽ之事。

一、上茶一包ニ而弐拾目ツヽ之事。
一、素めんハ大和之品ニ而候事。
一、石川村宿主往還弐度之礼儀として、上茶弐包・多葉粉二結・素めん拾三結・宝蔵壱ツ・干菓子七粒相与ひ候事。
一、往還之人夫其外手当向之儀、十五・六日前、掟・頭々召寄、ケ条書を以相渡候事。
一、村所着之翌日ゟハ自分賄之事。
一、本文所望いたし置候猪ハ、相場代壱斤ニ三貫八百文ツヽ相渡候事。
一、着之日ハうすていく、其外躍・狂言等ニ而取持有之先例之由候処、此節ハ御倹約ニ付、兼而相達差留候事。

長文であり、かつ意味が取れない固有名詞も登場するが、それでも口語訳しておく。前提として、記主唯紀はこれ以前の子（一八五二）年八月五日に久志間切辺野古地頭に就任していた（同日条）ことをまず述べておかなければならない。

九月十六日

一、地頭所（辺野古村）へ初地入り（初めての出張）として、嫡子唯延・次男唯昌・外孫宮里の子供一人を伴って赴いた。今日朝八時頃に出発した。首里道から西原・浦添・宜野湾・中城、越来、美里を通り過ぎ、石川村で一泊した。翌十七日朝八時頃出発した。金武間切を通り久志村で綾色の衣裳と大帯に着替え、同日午後四時頃辺野古村に付いた。村の頭たちは浜辺で出迎かえ、すぐに前安部親雲上邸宅へ赴いたところ、多葉粉盆・煎茶・二献の吸物・焼酎・肴・休目などのご馳走があった。それが終わって、夜十時頃、村の頭たちは帰宅した。翌十八日朝十時頃、唯延は私（記主唯紀）の代理として色衣冠（の正装）で、唯昌・宮里は色衣を着て、村からも頭たち二人が色衣冠で出てきて、神人（かみんちゅ）二人・根人（にっちゅ）三人・掟（うっち）や頭たち三・四人を連れて、地頭火之神・根神（にがみ）・火之神の御嶽（うたき）三カ所に、美花（みはな）（神前に供える生米）・御五水（おごすい）（神前に供える焼酎）・線香をお供えし、四ツ御拝で立願して、全員で旅宿に連れ帰り、二、三回盃を交わし、神人以下全員帰宅した。立願へ出発する際も、盃を取り交わした。それらが終わって、土産として、村中の四十一家に（家族人数の）多い少ないによらず、一家ごとに、和そうめん九結・上茶一包・煙草一結・形付手拭一筋・干菓子五粒ずつを差し上げた。そうして神人や、老女たちへは宝蔵一つ、男老人は煙草二結ずつ、別に差し上げた。立願が終わったお祝いに、焼酎十沸（わかし）・素めん三十斤・豚肉四十斤代として銭四百貫文を前もって差し上げて置いたので、その銭で準備して、村中の老若男女は、掟屋に揃い、ゆるゆるとお祝いをおこなったとの報告を聞いた。戻掛（もどりかけ）という掟や頭たち五・六人が旅宿に来て、今日は宮童たちを召し寄せて、歌・三味線・舞などを見せたいと言ってきたので、許可したところ、皆々がやってきて色々の芸能でひとしお楽しんだ。そのようなことであったので、焼酎と肴を出して振る舞った。宮童たちへは手渡しで宝蔵一ずつ差し上げた。十九日には小楷船作事用の材木を挽き出すとのことを聞いたので、行って見物をしたところ、誠に見事な作業であったので、硯水として焼酎一瓶を取り寄せ与えた。明る二十日は帰宅のため出発の手はずにて、駕籠かき夫・荷物夫を間違いなく未明に寄越すよう、掟や頭たちへ命じておいた。二十日の御前八時頃より掟や頭たち老女たちがやってきて、二献の吸物・焼酎・肴を差し出してきた。それが終わって、土産として村中四十一ケ所の家庭と、その他老人たちから、芭蕉芋、手拭・塩魚・干鮹などを持ってきたので、皆々へ篤く礼を述べて、十二時頃出発した。浜ぎわまで皆が送ってくれ、同所にて送酌(おくりじゃく)という女たちから立ちながら盃を取り交わした。それが終わって、那覇の方向に向かい、夜になる頃石川村に着いた。最初の宿（往路と同じ宿）の石川筑登之の邸宅に一泊した。二十一日御前八時頃出発。桑江村上道より北谷(ちゃたん)・宜野湾・浦添・泊村を通り、夕方四時頃帰宅した。駕籠かき夫・荷物夫たちへは那覇を出発する時に、そうめんの大吸物。帰宅の時は焼酎・肴・軽き休目をふるまった。翌朝は雑炊で朝食をふるまった。往復とも天気快晴、道々の渡河（の際）も潮時が良く、殊に土産の猪も注文したところ、望み通りの狩りが出来、とりわけ辺野古村港内では、平素漁獲が少なく、やっと四・五本にすぎない程度であるところ、十六日午後四時頃、外海から魚が沢山入って来たのを見つけ、早速網を引いたところ、一時の間で百斤くらいのさくき魚が取れ、そのため接待などは不足がなく、とても喜んでいるとのことを、村の頭たちが話していた。まことに奇特の至りで、掛ほさひの瑞祥にあたり、喜んでいるとのことを承り、書き留めた。

付けたり

一、多葉粉は国分たばこで、一結に七枚ずつ。
一、上茶は一包で二十目ずつ。
一、そうめんは日本製。
一、石川村の宿主への往復二度の（宿泊の）礼として、上茶二包・多葉粉二結・素めん十三結・宝蔵一ッ・干菓子七粒与えた。
一、往復の人夫そのほかの外手当は、十五・六日前に掟や頭たちを召寄せて、箇条書きにして渡した。
一、村に着いた翌日からは自分の食事分は自費でまかなった。
一、本文で書いた、所望した猪は、代金が一斤あたり三貫八百文であった。
一、着いた日にはうすていくや、そのほか踊り・狂言などで接待する先例だったが、このたびは倹約令がでているため中止した。

出発日の九月十六日条として立項されていはいるが、一読して明らかなように、記事自体は、帰宅の翌日、二十二日以後に記されている。但し、前にも指摘したように、記主唯紀は日記を数日分まとめて記載し、時には丑（一八五三）年七月十六日より十八日迄条のように複数日をまとめて立項することもあることから、記載方法自体は特異なものとはいえない。

内容は、記主が辺野古地頭に任じられた後、初地入として任所に赴いた際のものであり、道中の旅程や宿のこと、到着後の衣裳や土産の中身、初地入儀式や歓送迎の様子、その費用と支出方法等が詳細に記述されており、先例との整合性や異例処置を行った理由までが記されている。これらは地頭としての職務の一環であり、公的事案ではあるものの、これまで見てきた、琉球国家・社会全体の動向とは一線を画する問題と言って良い。記主が、本件を異例の長文で詳細に記録した理由は、職務の先例を後代に残すことにあったものと考えられよう。

以上、見てきたように、記主唯紀が御物城を離任した一八五四年の後半以降、日記には次第に私的事案が記されるようになり、かつ記主の強い関心は、職務等の先例を後代に残すことに移ってゆくものと考えられる。

唯延執筆期の日記

一八五八年の五月十二日に唯紀は死去、日記は六月一日より嫡子唯延が引き継ぐことになる。それでは、記主が代わると、日記はいかに変化するのであろうか。前に見た申（一八四八）年十一月十九日条、長女真鶴の二十五年忌の記述を再度、次に掲げる。

　　同十九日
一、亡女子真鶴弐拾五年回忌弔いたし候事。

前にも指摘したように、公的事案に限定して記された時期の異例ではあったが、極めて素っ気ない短文でもある。それでは、次に唯延執筆期、戌（一八六二）年十一月二十七日条にて同じく真鶴の三十三年忌の様子を見てみよう。

十一月廿七日

一、今日亡祖母并亡弟真三良弐拾五年回忌。亡姉真鶴三拾三年回忌弔仕候事。

附

一、前日、御三味三組・ふた（豚）頭之差味・血いりき・白たんこ三通・五ツ組之御料理折壱対備上候事。

一、当日、御茶菓子・御煎茶・御粥（ママ）かん・饅頭・五ツ組之御料理・大平・後御菓子・盛合菓子備上候事。

一、前々日并当日規式相済候而より、香花持参ニ而墓参いたし候事。

一、出家衆ハ御四人御願申上、左候而長老御布施弐拾貫文、外御三人ハ拾貫文ツヽ差上候事。

一、前々日、神道家御頼祈祷いたし候事。

附、御布施并御馳走料、籠而弐拾貫文差上候也。

一、当日、施餓鬼之祭有之候事。

唯紀嫡子唯延にとって真鶴は姉にあたる。『譜代貝姓家譜正統』で、真鶴は道光四（一八二四）年死去とされており、本来であれば三十三年忌は一八五六年にあたるが、ここでは年をずらして、唯延祖母・唯延弟の二十五年忌と合同で行われている。その際の前々日からの準備や、招聘僧侶の人数、布施の額までが記されるようになっている。さらにその後、子（一八六四）年九月十九日条の「亡父并亡妻亡弟七年回忌。亡嫡子拾三年回忌」や、未（一八七二）年九月二十一日条の「亡祖母并亡弟唯全三拾三年回忌」では、詳細な献立までが長文にて一覧されるようになってくる。

さらに同じく前に見た生年祝いについても見てみよう。前に唯紀執筆期の最末期、死去前年の巳（一八五七）年八月十七日条を見たが、それは次のようなものであった。

　　八月十七日

一、生年之祝として、村中朋輩衆相招候事。

唯延執筆期の場合、はやく卯（一八六七）年正月十二日条に登場し、次のように記されている。

　　正月十二日

一、今日母親七十三之祝ひニ付、女客致招請候。尤御馳走方者御茶菓子・二献間之吸物二ツ・五ツ組之御本ニ大平相付、後御菓子・赤飯・煖酒一ツ付、三ツ東道盆壱ツ・茶請鉢壱ツ差出候事。
　附、宝蔵壱ツ致御手渡候。尤赤飯之儀、正客者五合つが抜、列部ハ三合つが抜、伴之者共ハ壱合計にぎ方を以相渡候。列部ハ五貫文ツヽ之酒代銭相与ひ候也。

前者は記主自身の、後者は記主の母親真牛（『譜代貝姓家譜正統』）の生年祝いという違いはあるが、記載内容の詳細さが格段に異なってくる様子をうかがえる。

以上のような私的事案記事の詳細化のみならず、初代唯紀執筆期には登場しなかった事案が、二代唯延の時代になると日記に記され始める事例も存在する。その一例として、記主の家族の誕生記事を見てみよう。

初代唯紀は子供全員が、日記起筆の一八四八年四月以前に誕生しているものの、孫にあたる嫡子唯延

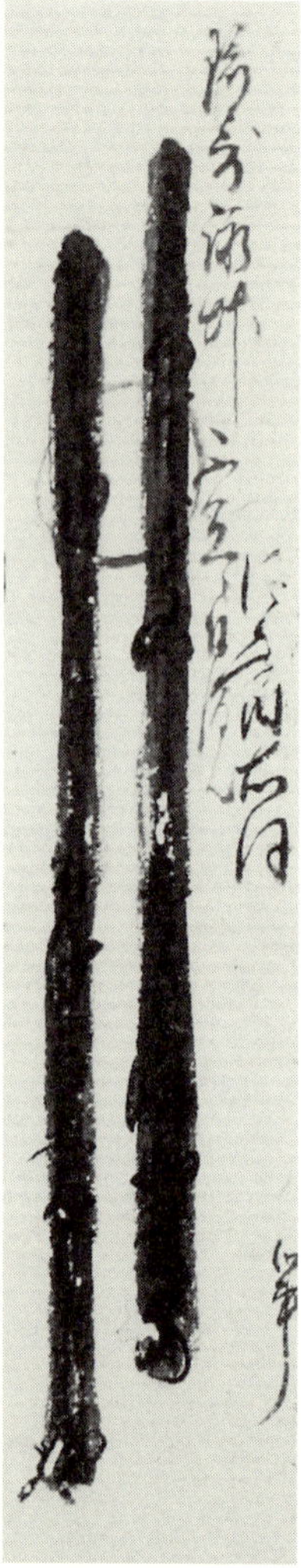

写真13『福地家日記』卯（1867）年正月2日条

次女真亀の誕生は、起筆後の同年九月二十五日（『譜代貝姓家譜正統』）である。それにも拘わらず、その誕生は日記には記されていない。その一方で、二ヶ月後の同年十一月十二日条では「護国寺逗留之英人、女子致出生候事」と、琉球国内に滞在している異国人の出生記事が記されている。初代記主唯紀にとって、孫の誕生は日記に記されるべきものではなかった。しかしながら、当該期の国家的・社会的関心事たる琉球国内逗留異国人の出産は、日記に書き残しておくべき事案であったのである。総じて唯紀執筆期の日記には、家族の生誕は一度たりとも記載されていない。

二代記主唯延の場合、起筆は前述したように、父唯紀の死去後、一八五八年六月一日であり、父唯紀同様、子供達は全員が既に誕生していた。しかし、孫については、酉（一八六一）年十一月四日条「今日嫡孫松金致誕生候事」（同十日に死亡記事あり）、戌（一八六二）年閏八月十八日条「嫡孫樽金致誕生候事」（同二十九日に死亡記事あり）、寅（一八六六）年十一月四日之後（おく）り条「娘思戸女子真亀致誕生候事」など、多くの記述が残されている。この寅年十一月四日之後（おく）り条の「後り」は「遅れ」を指すのであろう。この条文は十一月十日と十六日条の間に記載されている。外孫ゆえ情報伝達が遅れ、十一月四日誕生の旨を十日から十六日の間に知り、四日条として立項した上で「後り」を加えたものと思われる。

「後り」の意味はさておくにしても、初代記主唯紀の時代には記されていなかった家族の生誕記事は、二代目記主唯延の時代に入ると多くなっている。明らかに、記主の眼差しは、初代唯紀と二代唯延で変化を見せており、日記は公から私へと記載案件が移行してきたことがうかがえよう。

そして、ついには、右に写真13で示したごとく、卯（一八六七）年正月二日条にて次の記述までが登場するに至る。

琉哥詠艸　不宜ニ付消也　（二行塗抹。塗抹文字は判読不能）

二代記主唯延は年頭にあたり、日記に自身が詠んだ琉歌を書き記したわけである。最終的には不出来を理由に塗抹されているが、ついに、家としての先例の蓄積を越えようとする域にまで至っていることが看取できよう。

日記にみる公から私への転換

以上本節では、近世期の琉球では貴重な私日記『福地家日記』について検討した。本記は、一八四八年新国王尚泰の即位が契機となって起筆されている。ところが、その即位儀礼に那覇役人であった記主唯紀が大きく関わることはない。記主の目的は、職務としての先例を子孫に残すこと以上に、国家的セレモニーを記録すること自体にあった。

日記の内容は、初期段階では、公的事案にほぼ限定されており、記主の孫の誕生ですら、日記に記されることはなかった。反対に、琉球国内に逗留している異国人の子供の誕生記事を唯紀は日記に記載したのである。

この時期、異例の長文にて記述され、記主の関心の強さがうかがえる酉（一八四九）年六月条の変異記事についても同様、職務とも関連する公的な事案であった。しかしながら、那覇役人としての職務との関わりは、あくまでも那覇四町の変異の記録にあり、日記に記される変異は、那覇に限定されていない。記主には、琉球国家・社会全体の動向を記録しようとする意識が、強く働いていたと考えられる。

この後、記主が一八五四年三月に親見世の統括役人、御物城を離任した後から日記は次第に変化を始める。短文ではあるが、家や墓の購入など私的な記事が次第に増加してゆき、記主の関心は、職務或いは家の先例を蓄積してゆく方向へと動いてゆく。巳（一八五七）年九月十六日条の唯紀の地頭所久志間切辺野古への初地入は、職務としての先例を子孫に残そうとする唯紀の強い意識によって、当該期異例の長文になったと考えられる。そしてそれは記主が二代唯延に代わることで一層進行し、公的事案とは無関係の年忌の様子が長文にて詳述されるようになる。さらには、記主唯延自身が詠んだ琉歌までを一旦は記載している。日記は記主の心の様を映し出す道具にまで至ったのである。

本節冒頭で述べたように、琉球では公日記が私日記に先行して誕生し、各役所・各役務で多彩な公日記が記された。役人は役務として公日記を執筆することで、日記を記録するノウハウを習得したと考えられる。そのために初期の私日記は公的色彩を強めるのであろう。しかしながら、日記を記録し続けることで、記主の関心は私的事案にも広がりを見せてゆく。公から私への移行の中で、日記の発展は位置づけられるものと考えられよう。

三節　日記に天気をつけること

小学生の頃、夏休みの宿題の一つに日記があった。休みが終わる頃になって慌てて、まとめて書くのだが、その際困る点の一つに天気がある。過去を振り返った時、その日何をして遊んだかは比較的振り返り易いものの、友達と家の中でゲームして遊んだなど、遊びの内容と天気とが連動していない場合には、天気を思い返すことが難しかった。現代人はなぜ日記に天気を記すのか。日記の本文冒頭に天気を記すことは、前近代日本の日記において普通に見られることであり、その伝統が今に伝わっているのであろう。

前近代の琉球でも王府評定所の日記や、那覇を管轄する親見世（おやみせ）の日記には、基本的に本文冒頭の天気が記されている。琉球の場合、日本と若干異なるのは親見世の『親見世日記』乾隆三十三年七月一日条「晴天東風」や、首里王府評定所の『年中各月日記』道光二十七年二月二日条「晴天。風卯辰之間。夜同断」等のように、天気と併せて風向きが記される点である。前近代日本の日記には風向きがないのに対し、琉球の日記には風向きが記される。この相違は何に起因するのだろうか。

風向きが関連する日本と琉球の相違といって思い当たること。それは琉球王国が海洋立国である点であろう。琉球では季節ごとの風向きのデータを採取しておく必要があったためと考えられよう。すなわち、琉球の日記に風向きが記されていることには理由がある。それでは、前近代の日本と琉球で共通する点、日記にはなぜ天気が記されるのか。これについても何かしらの理由が存在するはずである。本節ではその理由について、琉球の日記を通して考えてゆきたい。

本章で検討している『福地家日記』は、王国時代琉球の私日記として、極めて珍しいものであることはこれまでにも述べてきた。例えば、『那覇市史』第二章「解説」を執筆した豊見山和行氏の表現を借りれば、「『三司官伊江親方日日記』に匹敵する私日記」ということになる。ただし、『三司官伊江親方朝睦日記』の場合、朝睦曾孫朝彬による咸豊十一（一八六一）年写本のみ現存し、「本書虫入切廃ハ除」や「本書落冊虫入切廃等ハ除」など、書写の際に種々の改編が加えられているのに対し、『福地家日記』では自筆本が現存する。日記には、写本からでもわかる字面のみでは代替できない、自筆本からしかわからない世界が確実に存在する。そのような点においても、『福地家日記』は、琉球での日記研究上、特別に貴重な日記である。

その『福地家日記』では、基本的に天気が記されないものの、申（一八四八）年五月十二日から十月五日までの半年は、例外的にほぼ連続して本文冒頭に天気が記される。期間中の記主は初代唯紀である。それでは、なぜ唯紀は右期間のみ天気を記したのであろうか。

まず『福地家日記』中の異例と指摘した、連続する天気記事を見てみよう。以下、各日の天気のみを提示する。

「雨天」（五月十二日）　　「右同」（五月十三日）

「右同」（十四日）
「雨天」（十六日）
「右同」（十八日）
「右同」（二十日）
「雨天南風八ツ後ゟ大雨」（二十二日）
「右同」（二十四日）
「大雨天」（二十六日）
天気記載なし（六月一日）
「晴天。風辰巳之間」（三日）
「晴天。風未之方」（五日）
天気記載なし（七日）
天気記載なし（十七日）
「南風。小嵐ニ而時々中雨」（十九日）
「右同」（二十七日）
「右同」（七月六日ゟ八日迄）
「晴天。風辰之方」（十四日）
「右同」（十六日）

「右同」（十五日）
「雨天」（十七日）
「右同」（十九日）
「朝雨天。四ツ時ゟ晴天南風」（二十一日）
「雨天」（二十三日）
「雨天」（二十五日）
「曇天」（二十七日）
「晴天。風辰巳之間。無風」（六月二日）
「晴天。風巳午之間。入相時分ゟ荒風」（四日）
「晴天。風午之方」（六日）
天気記載なし（十日）
「北風。晩方ゟ小嵐ニ成ル」（十八日）
「曇天。風辰巳之間」（二十六日）
「晴天。風辰巳之間」（七月五日）
「晴天。風午未之間」（九日ゟ十三日迄）
「曇天。風寅之方。小嵐」（十五日）
「右同」（十七日）

「曇天。風巳之方ニ而力ハ少相弱候」（十八日）　　「晴天。風辰之方」（十九日）
天気記載なし（二十八日）　　天気記載なし（二十九日）
「晴天。風午未之間」（八月八日）　　「大風」（八月九日）
「雨天。風子丑之間」（十月五日）

六月一日、七日条など一部天気未記載条文はあるが、基本的に天気が記録されている様子を看取できる。当該期間中の最初の記事、五月十二日条以前、この日記には天気の記録は一切なく、期間中の最後の記事、十月五日条以後は、翌年酉（一八四九）年九月九日条「曇天。風丑寅之間」まで天気の記載はない。その次に登場するのは卯（一八五五）年正月十一日条「雨降ル」であるため、右期間中のみの異例となっている。

次に当該期間中の五月十三日・十四日・十五日条について、本文も含め、記事全体を掲げる。写真は次のページに写真14として提示した。

同十三日右同　同十四日右同　同十五日右同
一、右之為御礼、御在番所江者
上使伊江王子御下被成候。尤御先例者
上様御直御下被遊由候処、此節ハ御幼年之御事ニ而、右通御名代被御遣候由承知仕候事。
（以下、附文は省略）

「右の御礼」とは、直前の記事、五月十二日条の「御国元〻之御香奠銀被差上候為　上使、御奉行倉

山作太夫様御登　城被成候事」を指す。前年の九月十七日に崩御した前王尚育のため、五月十二日、御国元（薩摩藩）からの香典銀を、在番奉行倉山作太夫が上使（藩主の使者）として首里登城して差し上げた、とする記事である。右掲載史料は、これに対する尚泰王からの返礼として、在番奉行所へは上使（国王の使者）として伊江王子が下された。先例では国王自ら出向くべきところではあるが、尚泰王は（六歳の）幼年であるため、使者派遣となった、との意味になる。

ところが、この十三日・十四日・十五日の各日条は、縦一列に日付が立項されており、その後に続く

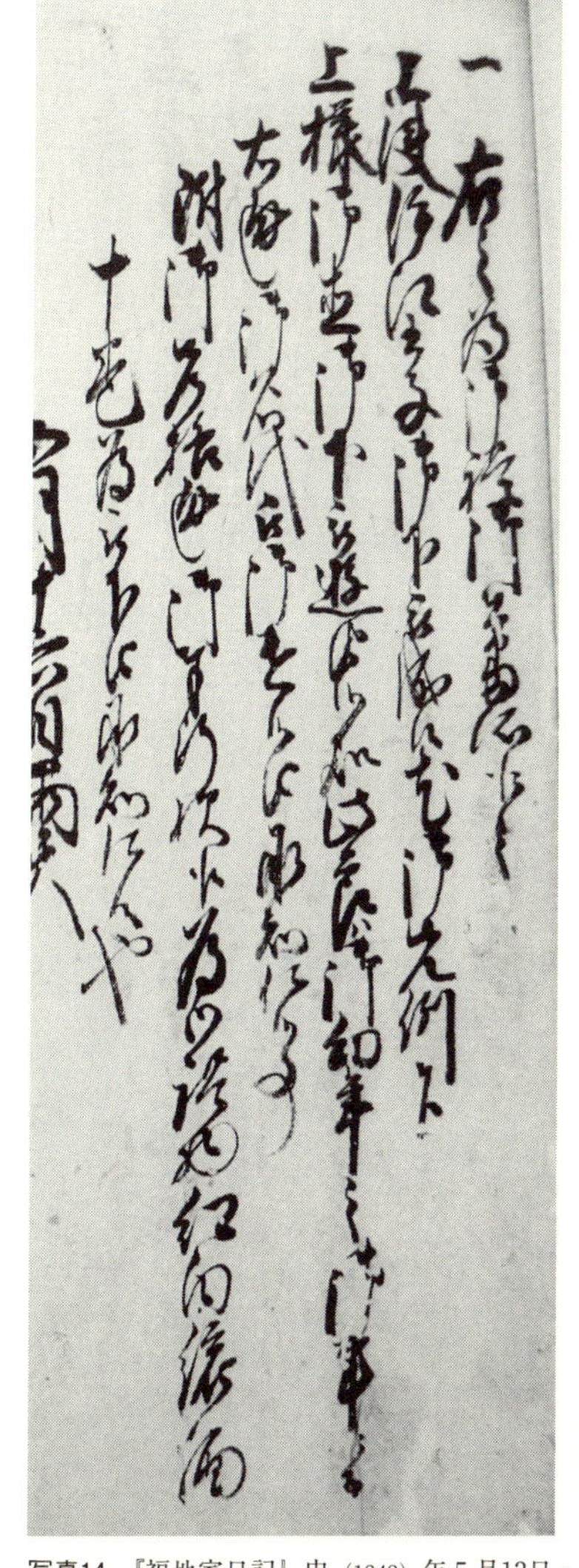

写真14　『福地家日記』申（1848）年５月13日・14日・15日条

本文が何日条であるのかわからなくなっている。但し、例えば『親見世日記』乾隆元（一七三六）年正月十二日条では、前日に行われた年中行事、年頭の在番奉行首里城招待でさえも、その翌日、早速国王からの訪問御礼の使者が在番奉行所を訪れた様子を記す。類例は枚挙に暇なく、返礼使者は翌日早速に派遣されるのが通例である。とりわけ右史料の場合の「御礼」は、一世一度の国王崩御に際する薩摩藩主からの香典への返礼である。しかもこれは、本来であれば国王自ら出向かなければならないことも明記されている。そのような事案の返礼を何日も放置しておくはずがなく、翌日早速、国王自ら出向くはずと考えられる。つまり、「右の御礼」以下の記述は、縦一列に日付が立項された、十三日・十四日・十五日のうち、先頭の十三日条を示すはずと考えられるのだが、それにしても、何故に、三日分の日付が縦一列に並べられているのであろうか。

同様の事例は、この他、五月十七日・十八日・十九日・二十日条、および五月二十二日・二十三日・二十四日条でも見られ、このような縦一列での日付の立項もまた、本期間中に見られる異例である。すなわち、期間中には、天気が連続して記載されている点と、日付の立項が縦一列になされている条文が存在する点の、二つの異例が同時に発生していることになる。これら二点には何か関連性があるのであろうか。

この問題を考えるにあたり、まず当該期間中の記事を二つに分類してみたい。一方は五月十二日条から二十七日条まで、他方はそれより後の記事である。五月十二日条から二十七日条までの特徴は、日付が連続している点である。『福地家日記』全体を見ると、日記は断続的に記されており、日付の立項が連続することの方が珍しい。そして、この連続する日付の天気を見ると、すべて雨となっており、それが止んだのが二十七日となっている。そこで転機となる五月二十七日条を次に見てみたい。

同廿七日曇天

一、当作之稲・太豆、無類之出来与相見得喜悦此事ニ候処、去ル十二・三日頃より昨日迄之霖雨ニ稲穂の中ニ打入翠を生し、大豆も同断翠差出し、両種共不出来相成、苦々敷次第ニ候。作物之儀取入不申内者右通段々変化有之。誠ニ不等閑可恐可慎儀ニ候。以後心得之端ニも可相成儀与書流候事。

口語訳は次のとおり。

一、今年は米・大豆が豊作であり喜んでいたところ、去る十二日・十三日の頃から昨日までの雨で、（雨水が）稲穂の中に侵入し、翠（みどり）が生じた（穂発芽であろう）。大豆も同様翠を出し（莢内発芽であろう）、ともに不出来となり、苦々しい次第である。作物は収穫してしまわない前は何が起きるかわからない。不注意は謹まなければならない。今後の心得のために書き記しておく

すなわち、記主が当該期間中に天気を気にした理由は、作物の生育状況が気がかりであったためとわかる。この二十七日に漸く雨が止んだため、記主は十二日から二十六日まで降り続いた雨天の総まとめを二十七日の日記に綴ったわけである。

ところで、右記述中には「去ル十二・三日頃より昨日迄之霖雨」の表記があり、雨は十二・十三日の頃より降り続いたとされている。しかし、前掲したように、五月十二日条には「雨天」と明記されてい

るため、右の表記は適切とはいえまい。正しくは「去ル十二日より」でなくてはならないであろう。しかも、記主は五月十二日より前には一切天気を記していないわけであるから、この五月十二日条「雨天」を同日に書き留めたとしたなら、記主は長雨が降り始めた初日から偶然に、あるいは長雨を予測して意図的に、天気情報を書き始めたことになり、その可能性は皆無に等しい。よって、少なくとも五月十二日条の「雨天」の二文字は後日補書されたと見て誤りなかろう。それでは五月十二日条以外はどうであろうか。

前掲したように、天気の記述は、たとえば「雨天」（五月十二日）に見られる天気のみの場合と、「晴天。風辰巳之間」（七月五日）に見られるように、天気に風向きを加えた二種類の記載方式がある。琉球の場合、先に王府評定所や親見世（おやみせ）の日記に見たように、天気とともに風向きも書かれるのが一般的である。それでは『福地家日記』の記主は、何故一方では天気のみの表記を取りつつも、他方では風向きも加えた表記を取るという二つの手法を併用したのであろうか。

五月十二日に天気が記録され始めた後、風向きが初登場するのは、五月二十一日条「朝雨天。四ツ時ゟ晴天南風」である。二十一日以降は先に転機とした五月二十七日までは天気のみの表記と、天気に風向きを加えた表記が併用されている。そしてそれ以後は、天気が記載された場合には必ず風向きも加えられている。本節冒頭で、天気の記憶を喚起するのは難しいことを述べたが、それでも目に見える天気は記憶を遡らせて記すことが可能であろう。しかしながら、目に見えない風向きは当日でなければ記載はほぼ不可能といってよい。よって、五月二十一日条の「朝雨天。四ツ時ゟ晴天南風」は、同日中に日記に記載されたものと考えて誤りなかろう。

ところが、縦一列に日付の立項がなされた五月十三日・十四日・十五日条、同月十七日・十八日・十九日・二十日条、および同月二十二日・二十三日・二十四日条中の二十三日・二十四日条には、全て風向きの記載がない。記載された天気は全てが「雨天」か、或いは雨天を意味する「右同」である。それらが、なぜ縦一列に立項されたか。たとえば五月十三日〜十五日条の場合、考えられる可能性は次のとおりであろう。

本来は十三日条のみが立項され、改行後に続く本文は十三日条であった。ところが、後日になって雨が連続している様子を日記に記録しておきたいと記主は考えた。しかしながら、その段階で、本文をともなって立項された五月十六日条は、五月十三日条の直後にすでに記述済みであり、十四日と十五日の天気を書き込むスペースを確保できなかった。そのため、本来は「同十三日」としか記されていなかったその直下の余白に、まずは十三日の天気である「右同」を書き、次いで「同十四日右同　同十五日右同」を書き加えた。後日に補書された故に、風向きまでは記述できなかったものと思われる。

以上のように考えれば、本文の内容について前に述べた点、すなわち、本文は五月十二日の薩摩藩主からの香典銀に対する返礼であるから、翌日の十三日の記事であるはず、という指摘とも整合性をもって理解できるようになる。同様の経過をたどって五月十七日〜二十日条も記録された。よって、その後に続く本文は縦一列での日付の先頭にあたる十七日条と考えられる。

ところで、再び繰り返すのだが、縦一列に日付の立項がなされた五月十三日・十四日・十五日条、同月十七日・十八日・十九日・二十日条、および同月二十二日・二十三日・二十四日条中の二十三日・二十四日条には、全て風向きの記載がない。記載された天気は全てが「雨天」か、或いは雨天を意味する「右同」である、とは既に述べたところである。つまり、縦一列の日付の立項がなされた記事の中、五月二十二日・二十三日・二十四日条の先頭、五月二十二日条だけには風向きがあるということである。したがって、この三日分の記事についてては、改めて検討しておかなければならない。そこで、まず『那覇市史』に基づき、この三日分の記事を掲げる。

同廿二日雨天南風八ツ後ゟ大雨　一、泉崎道筋水深事壱尺位。

同廿三日雨天　同廿四日右同

一、右之為御礼、御在番所江之

上使大里王子御下被成候。御先例者

上様御直御下之筈候処、幼年之御事ニ而、右通御名代被遣候候由承知仕候事。（附文は省略）

『那覇市史』では、二十二日条は泉崎道筋が水深一尺ばかりの洪水状態になっているとされ、縦一列の日付の立項は、二十三日と二十四日条となっている。となれば、その直後に続く本文は、先頭の二十三日条の記事ということになる。ところが、そうなると、本文「右之御礼」は、直前の記事、二十二日条の泉崎道洪水のこととなり、これでは文意が通らない。そこで、当該カ所の写真を次のページに写真15として示す。これを翻刻すると右のようになる。凡例は本書一三ページにある。

同廿二日雨天南風八ツ後ゟ大雨「同廿三日雨天」「同廿四日右同」

一、右之為御礼、御在番所江之

上使大里王子御下被成候。御先例者

上様御直御下之筈候処、幼年之御事ニ而、右通御名代被遣候候由承知仕候事。

（附文省略）

「一、泉崎道筋水深事壱尺位。」

右で示したように、縦一列での日付の立項は五月二十二日・二十三日・二十四日条の三日分となり、現物の日記と『那覇市史』の翻刻とは異なっている。そして、泉崎道筋洪水記事は補書であり、後日に書き加えられたものである。本文の「上使」と「上様」を続けて擡頭（たいとう）（敬意を表すために、対象となる字

写真15　『福地家日記』申（1848）年5月22日・23日・24日条

を改行して行の先頭にした上で、他の行の先頭文字よりも高く書くこと）にしたために、本文の下に余白が生じていた。そこで、その余白を利用して、後日知った泉崎道筋洪水情報を書き加えたわけである。そして、この補書された泉崎道筋洪水記事も、その上に書かれた本文も、これまでの検討結果に基づけば、全てが縦一列での日付の先頭、二十二日の記事ということになる。となれば、前に整合性が取れないと指摘した「右之御礼」は、二十二日条の直前に書かれた二十一日条を指し、そこには次の通り記される。「上様御継目為御祝儀、御国許今御拝領物之　上使、御奉行倉山作太夫様御登　城被成候事」。新国王尚泰即位の御祝儀として、薩摩藩からの拝領物を届ける藩主の使者、在番奉行倉山作太夫が首里登城した、の意である。これを前提にした上で、二十二日条本文を口語訳すると、次のとおりとなる。

一、右（昨日の即位祝儀拝領）の御礼として、在番奉行所へは国王の使者大里王子が赴いた。先例は国王自らが赴くべきところではあるが、（現在は六歳の）幼年であるため、このように名代派遣となったと聞いた。

なんのことはない。全体構造は、前に見た五月十三日条と全く同じで、本来であれば、御祝儀拝領の翌日、早速国王自ら赴かなければならない事案なわけであり、本文は縦一列の日付の先頭、五月二十二日条の記事として誤りない。

それでは本題の、なぜこの五月二十二日条のみ、風向きの記述があるのかを考えてみよう。風向きをともった二十二日条の天気は同日中に記され、前に見たように、改行後記された本文はすべて二十二日条であった。さらにこの記事直後の二十五日条を日記に記した段階では、二十三日・二十四日条は立項すらなされていなかった。後になってから、記主は二十三日・二十四日を立項した上で雨天の状況を記したいと考えたが、二十五日条はすでに二十二日条直後に記載済みで余白を確保できない。そのため他の類例同様、「同廿二日雨天南風八ツ後ゟ大雨」の直下に二十三日・二十四日条を記そうとした。しかし二十二日の天気は風向きまで詳述していたため、ここも十分な余白を確保できず、やむなく、文字を小さくした上で、二十三日と二十四日を二行に割書したということになる。因みに、余白があれば縦一列で記されるべき箇所であるため、本書では縦一列での日付の立項と表現している。

それでは、このような縦一列での日付と天気の補書はいつなされたのであろうか。考えられる可能性の一つは、初めて天気を同日中に記したことが確実な五月二十一日である。五月二十一日条の天気を繰り返すと、「朝雨天。四ツ時ゟ晴天南風」であり、初めて風向きが記載された日となる。風向きは当日でなければ記載不可能であるから、この日の天気は同日中に記したことが確実、ということである。長雨が続いていることを意識した記主は、五月二十一日に初めて天気を風向きとともにリアルタイムで記述した。その時、同時に、それ以前にも雨が連続していたことを日記中で示すため、すでに日付を立項している場合は天気のみを、日付が立項されていない場合は日付と天気を補書したことが考えられる。

しかしながら、前述したように、縦一列での日付の立項は、その五月二十一日条の前、五月十三日・十四日・十五日条と五月十七日・十八日・十九日・二十日条の他にも、五月二十一日条の後、五月二十二日・二十三日・二十四日条も存在する。仮に五月二十一日段階で、それ以前の天気が補書されていたとしたなら、五月二十二日・二十三日・二十四日条は縦一列での立項にはならず、二十三日・二十四日条は、正しく二十二日条の本文の後ろ、そして直後の本文記事を伴った二十五日条の日付前に位置しているはずである。したがって縦一列での日付の立項がなされた三日分のうち、二十三日・二十四日条は、五月二十五日条本文を記録した後に、一斉に書かれたと考えるのが妥当である。

そこで注目されるのが、先に見た、雨が降り止んだ五月二十七日となる。前述したように、「去ル十二・三日頃より昨日迄之霖雨」が二十七日に漸く止んだため、記主は降り続いた雨天の総まとめを二十七日の日記に綴った。その際に、併せて「十二・三日頃より」雨天が続いていることを時系列でも日記中に表記したいと考え、十二日以降、日付が立項されながら天気が記載されていない条文には天気を、日付の立項自体がなされていない日には、余白を利用して日付と天気を補書したものと考えられる。

以上、見てきたように、『福地家日記』には申（一八四八）年五月十二日条から十月五日条までの期間連続して天気が記されるが、天気の記載は長雨が降り始めた五月十二日当日から始まったものではなかった。長雨が続いていることに気づいた記主は、五月二十一日条で初めてリアルタイムで日記に天気を風向きとともに記した。親見世での職務を通して日記に触れる機会を得ていた記主唯紀には、基本的に天気は風向きとともに記述するものとの認識があったのであろう。その長雨が止んだ二十七日に、記主は長雨の総まとめをしようとする。その際、雨が何日に降り始めたのかが明確にはわからなかった記主は、「去ル十二・三日頃より」と記した上で、十二日条以後の天気未記載条文には「雨天」または「右同」を、条文立項されていない日には、余白に日付を立項した上で「右同」を補書した。この結果、日付の立項が縦一列になされるという異例が発生したのである。

またこの時、長雨が何日から降り始めたのか明確にはわからなかったという反省を踏まえて、記主はそれ以後、日記の本文冒頭に天気を、風向きとともに記すようになった。すなわち、『福地家日記』において、基本的に天気を記すようになったのは長雨が止んだ五月二十七日の後のことであった。そのため、それ以後の天気には例外なく風向きが加えられているものと考えられる。

しかしながら、目に見えない風向きを日記に記すことは、目に見える天気を記す以上の労力をともなう。しかもそれ以降、同年五月のような天候不順は発生しなかった。そのため、ついに十月五日条を最後に、記主はもとどおり、天気の記載を止めてしまったものと考えられる。

本節冒頭で記したように、天気に連動して人の行動は変化する場合がある。前近代において、最も重要となるのは儀式当日の天気であろう。しかしながら、儀式の先例を残すために天気を記すのであれば、儀式当日の天気のみを記せばよかろう。なぜ、日記には日常的に天気が記されるのであろうか。『福地家日記』の場合、一時的にせよ、日常的な天気の記載は、長雨による農作物への影響を心配して、長雨が止んだ段階から始まっている。日記と天気の関係は、植え付けから刈り入れまでを含めた農作物生育のためのデータ採取にあるのではないだろうか。

四章　台湾大学所蔵『異国日記』と福地家所蔵『御物城高里親雲上唯紀日記』

一節　国立台湾大学図書館典蔵琉球関係史料集成

本書でこれまでにも述べたように、親見世（おやみせ）にあった公日記は、王国解体後、沖縄県立図書館に移され、その後、戦争によって灰燼に帰した。しかしながら、戦前、台湾大学が旧帝国大学時代に、僅かながらごく一部を書写して、現蔵していることが明らかになっている。

二〇〇一年に研究代表者松原孝峻氏による科研費研究成果報告書『台湾大学所蔵日本古典籍調査』にて、その存在が公にされて以降、筆者自身もこれまで『近世琉球寺院の原風景を追う』他いくつかの論文などで一部史料を使用し、その恩恵にあずかってきた。

かかる動向の中で、近年、『国立台湾大学図書館典蔵　琉球関係史料集成』として、親見世関係日記史料群の全文翻刻ならびに全訳作業が進展、逐次公刊されてきていることは特筆に値する。同書は琉球日記研究の最新の成果であるとともに、口語訳が付されているため、近世の文体に馴染みがない一般読者であっても平易に理解できるようになっているためである。

二〇一三年に第一巻として『冠船日記』康熙五十八（一七一九）年記、『親見世日記』乾隆元（一七三六）年記、同四年記の三件が、高良倉吉・赤嶺守・豊見山和行各氏を主編として刊行されて以降、ほぼ一年ごとに一巻が公刊されてきており、本書執筆中の二〇一六年には、『異国日記』咸豊元（一八五一）年記、同二年記、同四年記、同五年記の四件が第三巻として公刊された。

　本書でこれまでに、『親見世日記』『異国日記』『産物方日記』は、那覇筆者が記録する日記で、それらを総称して「那覇筆者日記」と呼ばれること、これらの「那覇筆者日記」は親見世（おやみせ）の統括役人である御物城（おものぐすく）の日記と連動して作成・機能することを指摘した。本書中で取り扱った『御物城高里親雲上唯紀日記』の執筆期間は咸豊二（一八五二）年二月一日条より同四年三月十八日条までである。これと本年刊行の『国立台湾大学図書館典蔵　琉球関係史料集成』三巻を見比べると、本来セットである『御物城日記』と『異国日記』が、咸豊二年二月から同年十二月までと、咸豊四年正月から三月までの間、重なって残っていることがわかる。すなわち福地家所蔵の『御物城高里親雲上唯紀日記』とセットの『異国日記』咸豊二年記と同四年記が、福地家日記史料群と題した本書執筆中に使用可能になっているわけであり、この偶然の幸運を生かさない手はないであろう。そこで次に、複数の日記を比較検討することではじめてわかってくる日記のおもしろさについて見てゆきたい。

　さて、本書第一章第三節にて述べた、『親見世日記』『異国日記』『産物方日記』と『御物城高里親雲上唯紀日記』の連動性について、当該節では『御物城高里親雲上唯紀日記』に見られる「委細之儀者那覇筆者日記ニ相見得候」とする記事の内容が、『親見世日記』『異国日記』『産物方日記』のうち、いずれの日記に記載されるべき事案であるのかを検討することで導き出した結論であった。連動していると考えられる日記の双方が現存していない以上、それを具体的に確認する術は今まではなかったわけである。しかしながら、『国立台湾大学図書館典蔵　琉球関係史料集成』三巻が公刊された今日、少なくとも『異国日記』と『御物城高里親雲上唯紀日記』の重複期間のみは具体的に検証することが可能である。そこでまずはこの両日記の連動性について具体的に確認しておこう。

『御物城高里親雲上唯紀日記』咸豊二（一八五二）年九月十四日条に次の記事がある。

同十四日

一、逗留英人引払候御立願として、色衣冠ニ而五ツ時前、里主所江相揃、御祈願所参詣。済而登城、於西之御殿日帳主取御取次御座江首尾申上候。委細之儀者那覇筆者日記ニ相見得候事。

口語訳は次のとおりとなる。

一、（琉球）滞在中の英国人を立ち去らせるための御立願として、色衣冠（の正装）で、五ツ時（朝八時）前に那覇里主の宿所に揃って、祈願所へ参詣した。それが終わって首里城に登り、西之御殿にて日帳主取の取り次ぎで（三司官衆がいる上の）御座に報告した。詳細は那覇筆者日記に記している。

内容は異国人退去のための祈願であるから、ここでの「那覇筆者日記」は『異国日記』を指すと考えられる。そこで同日条の『異国日記』を見てみると、次のように記される。

九月十四日

一、逗留異国人引払御国家安全之為御祈願、申口座・那覇役人以下士之筑登之座敷迄一七人色衣冠ニ而、五ツ時前、里主所江相揃、波上山大権現・沖山大権現・護国寺虚空蔵・内金宮弁財天・同御いへの御前・泉崎のろ殿内、〆六ケ所参詣。御願相済御物城高里親雲上登　城、御月番之三司官衆江首尾申上候事。

附、御供物者御香壱結完、波上山・護国寺者沖寺ニ而御迎直候也。

一、右ニ付、住持・大夫・祝部・大あんのろ殿内江□通達、又者先走敷筵等都而百人御物参同頭(断カ)、問役より取計候事。

口語訳は次のとおり。

一、(琉球)滞在中の異国人を立ち去らせ国家安全の御祈願の為、申口座(もうしくちざ)・那覇役人以下、士(さむらい)の筑登之(ちくどぅん)までが七人一組で色衣冠(の正装)で、五ツ時(朝八時)前に那覇里主の宿所に揃って、波上山大権現(なみのうえさんだいごんげん)・沖山大権現(おきさん)・護国寺虚空蔵(ごこくじこくうぞう)・内金宮弁財天(うちがねくべざいてん)・内金宮弁財天いべの御前・泉崎(いずみさき)のろ殿内(どぅんち)、計六ケ所に参詣した。それが終わって御物城(おものぐすく)高里親雲上(ぺーちん)(唯紀)が首里城に登り、月番の三司官(さんしかん)に報告した。

付けたり、御供物は御香一結ずつ。波上山・護国寺については沖寺(おきでら)で御迎え直しを行った。

一、右について、住持(じゅうじ)・大夫(だいぶ)・祝部(はふりべ)・大阿母(おおあも)のろ殿内への連絡、また先走り役、敷き筵など全て百人御物参同様に、問役(といやく)が手配した。

以上、後者の『異国日記』の方が、前者の『御物城高里親雲上唯紀日記』に比べて、参詣者、具体的祈願所、参詣役人の役回りなど、記述が格段に詳細になっている。なお前々日の『異国日記』(日付の立項なし）九月十二日条には「御祈願事有之。今日より明後十四日迄殺生禁断被仰付候間、那覇中可被申渡旨御指図ニ而候。以上」と、この祈願に連動して殺生禁断令が発せられたこと、「明後十四日、逗留英人引払御国家為安全、王子衆以下江御祈願被仰付候付、那覇・久米村・泊・諸間切江茂右御祈願被仰付候間、去申二月御祈願之例を以、諸事無間違可被相勤候。此旨御差図ニ而候。以上」との祈願命令通達までもが記載されている。まさしく「委細之儀者那覇筆者日記ニ相見得候事」であって、『御物城高里親雲上唯紀日記』と『異国日記』が連動して機能していることを具体的に確認できる事例となっている。

二節　『異国日記』よりわかる『御物城高里親雲上唯紀日記』の記事成立過程

さて、『御物城高里親雲上唯紀日記』と、「那覇筆者日記」の一つ『異国日記』が連動性を有する日記であることを具体的に確認したところで、次に『異国日記』の存在によって、『御物城高里親雲上唯紀日記』の記事の具体的な成立過程がわかる箇所がある。

まずは『御物城高里親雲上唯紀日記』咸豊二（一八五二）年十月二十日条を、『那覇市史』から引用した。

同廿日

（一ヵ条省略）

一、来ル廿三日・四日両日之内、御小姓与番頭川上式部様初而御見廻仕度、里主御同伴御用達御取次相伺候処、廿三日無御障段致承知候事。

一、三月九日　父

一、四月二日　母

右、川上式部様御精進日朝計。尤御禁物者無御座候事。

附、暦者和暦御用得被成候段承候也。

一、御奉行様并川上式部様・定式産物方・異国方御役々衆御用并都而之書留、和暦御用へ被成候段承候事。

例によって口語訳しておく。

一、来る二十三日と二十四日の両日のどちらか、御小姓与番頭川上式部様に初めて御見舞いをしたいとのことを、那覇里主と同伴して御用達（ごようたし）の取り次ぎでうかがったところ、二十三日は問題ないとのことを承った。

一、三月九日　（川上式部の）父（の忌日）

一、四月二日　（川上式部の）母（の忌日）

右の日は川上式部様の御精進日だが朝だけである。御禁物はない。

付けたり、暦は和暦を用いられるとのことを承った。

一、御奉行様（在番奉行）ならびに川上式部様、定式産物方・異国方の御役人衆の御用ならびに全ての書留は和暦を用いることを承った。

右の引用史料中、日記本文のメインは一ヵ条目、川上式部初見舞いの日取り決定にある。その補完情報として、当日の十月二十三日は両親の忌日ではなく、忌日は三月九日と四月二日であること、使用する暦について記したのである。

川上式部はこの直前の十月十六日に薩摩から琉球に着任したばかりであった。そのため、彼の両親の忌日は儀式等の日取りの決定に必要不可欠な情報だったのである。本記事のメインたる初見舞いの日取りと、川上式部の忌日情報とは切り離せない関係にあった。

ところで、よくわからない部分もある。御用と書留で使用する暦の問題が、なにゆえに川上式部両親の忌日について記した二・三ヵ条目の付けたりと四ヵ条目本文の二カ所に登場してくるのであろうか。特に四ヵ条目に至っては、もはや川上式部の問題から大きく逸脱してしまっている。川上式部は新着であるため理解できるのだが、他の薩摩役人達についてはいまさら、という感すら抱く内容である。

ここで、琉球と日本の暦についてまず確認しておこう。本書が対象とする王国末期、琉球王国が清国から冊封を受けていたことは一般にもよく知られている。冊封を受ける琉球は清国から暦の頒布を受ける。この暦を時憲書という。これを元に琉球側がアレンジして使用する暦を選日通書という。月・日の計算など基本的な部分で両者は同じである。しかしこれらと、日本で使用する和暦には若干の差違が存在する。琉球滞在中の薩摩役人達は、琉球での生活だけを考えるならば琉球暦（選日通書）に統一して使用した方が合理的といえるであろう。薩摩役人と琉球役人は頻繁に折衝を行う。その両者が異なる暦を使用していて便利であるはずがない。しかしながら、これをわざわざ確認しているということは、そうもいかない事情もあるのであろう。史料中の四ヵ条目には「御用ならびに全ての書留は」とある。御用は公務、書留は文書を指す。これらで使用する暦は、和暦を用いるとしているのは、後に薩摩役人達が帰国した際の公験（証拠）になりうるためであろう。だからこの場合は和暦の方が都合が良くなってしまう。そこで、琉球側は、薩摩からの新着役人ごとに、使用する暦を明確にしなければならなかったものと考えられる。

　しかし、あくまでもこの日の記事のメインは初御見舞いの日程である。着任した薩摩役人の接待は公

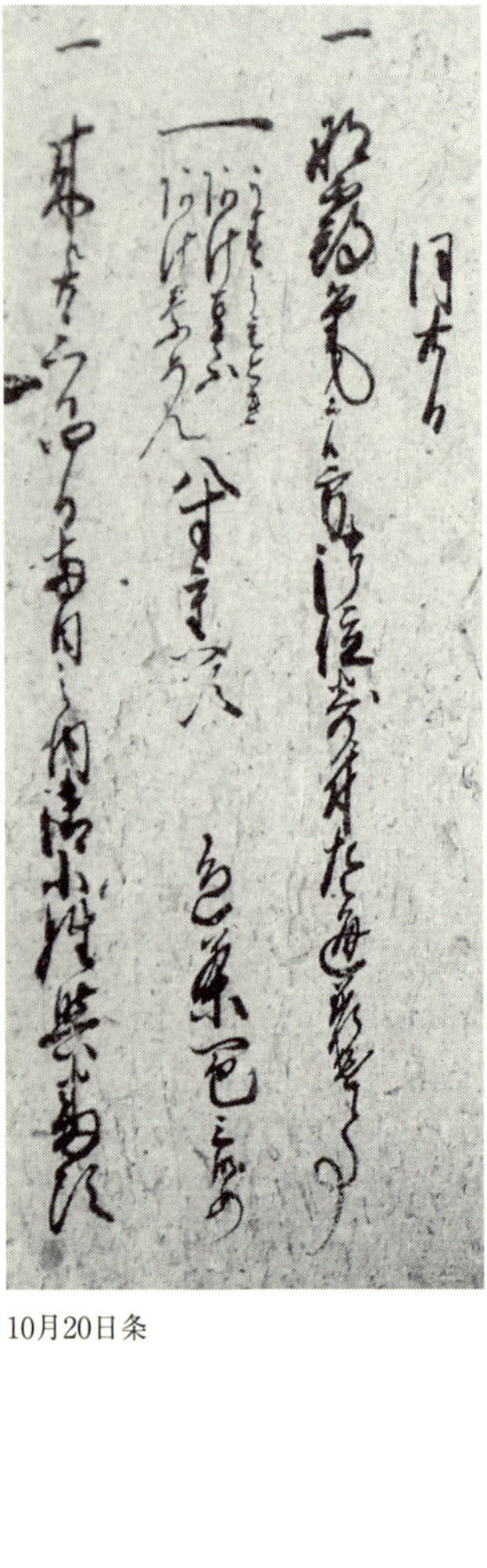

10月20日条

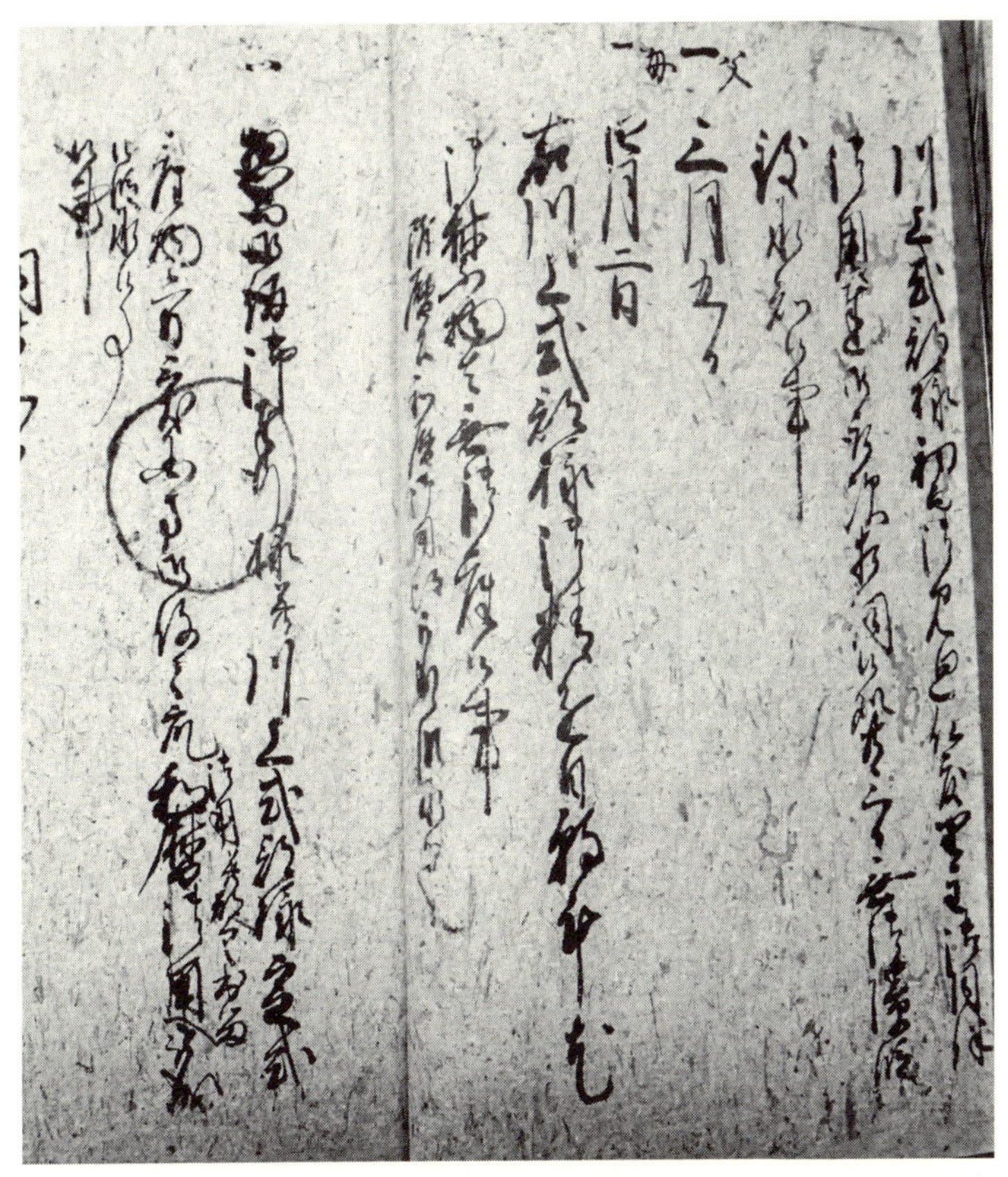

写真16　『御物城高里親雲上唯紀日記』咸豊２（1852）年

務かといえばもちろん公務なのであるが、公験として後日の証拠となりうるべき重要事項なのであろうか。しかも、前述したように、それが二カ所に登場してくるのは何故なのだろうか。

そこで、福地家所蔵の現物（自筆下書き本）の『御物城高里親雲上唯紀日記』同日条を見てみると、実際には前ページの写真16のようになっている。これを次に翻刻しておく。（凡例は本書一三ページ）

同廿日

（一ヵ条省略）

一、来ル廿三日・四日両日之内、御小姓与番頭川上式部様初而御見廻仕度、里主御同伴御用達御取次相伺候処、廿三日無御障段致承知候事。

父
一、三月九日

母
一、四月二日

右、川上式部様御精進日朝計。尤御禁物者無御座候事。

「附、暦者和暦御用得被成候段承候也。」

「御用并都而之書留」

一、惣而御仮御奉行様并川上式部様・定式産物方・異国方御役々衆、和暦御用へ被成候段承候事。

すなわち、四ヵ条目の暦の記事は最初、執筆中の「惣而御仮」が黒墨抹消された。その段階で次に続くべきは「屋」。惣ての御仮屋の暦、などの表現からの執筆中の変更である。その上で、書き直された「御奉行様」以下の文章は後日、朱墨にて全文抹消され、代わりに同じく朱墨にて二・三ヵ条目付文（付けたり）が行間補書されている。つまり、元々この日の記事には、二・三ヵ条目付文はなく、四ヵ条目が存在した。そして、この四ヵ条目のみに、使用する暦の情報が記載されていた。しかし後になってから、記主唯紀は四ヵ条目を朱墨で削除した上で、その代わりに、使用する暦情報を二・三ヵ条目の付文として、行間の余白に朱墨にて追加したのである。我々自身、日記を記している最中、書き直しや訂正をすることは枚挙に暇ない。現在であれば消しゴムで消した上で書き直すわけであるが、墨書の場合は、抹消符や塗抹などの手法で削除される。記事が書かれてすぐに訂正される場合は、当然、日記を書いている時に使用している黒墨での訂正になる。しかしここでは、朱墨にて訂正されているわけだから、明らかに後日の検読の結果、「わざわざ」訂正したのである。

それでは何故に唯紀は一旦成立していた記事を後日になって「わざわざ」訂正したのか。或いは、何故に、後から「わざわざ」訂正しなければならないような記事を当初は記述したのか。

ここで『異国日記』(日付の立項なし) 同月十八日条を見てみよう。

一、三月九日　一、四月二日

右、川上式部様朝計御精進日。尤御禁物ハ無御座段、御仮屋守より承申候間、此段致御問合候。以上。

十月十八日　高里親雲上

兼城親雲上

御鎖之側御方

川上式部様、通書・和暦何れ之方御用被成候哉之旨、御仮屋守を以相伺候処、和暦御用、年頭・

五節句茂其通御執行被成候段承申候。此段致御問合候。以上。

十月十八日

高里親雲上

兼城親雲上

御鎖之側御方

こちらの方も口語訳しておく。

一、三月九日　一、四月二日

右は川上式部様の御精進日だが朝だけである。御禁物はない。御仮屋守（おかりやもり）より承ったので、この旨御報告する。以上。

十月十八日

高里親雲上

兼城親雲上

御鎖之側御方

川上式部様は、選日通書（琉球暦）と和暦のどちらを使用されるのかを、御仮屋守を介して伺ったところ、和暦を使用し、年頭や五節句もそれで行いたいとの旨を承った。この旨御報告する。以上。

十月十八日

高里親雲上

兼城親雲上

御鎖之側御方

御物城高里親雲上（唯紀）と那覇里主兼城親雲上から二通の報告が首里王府の御鎖之側に対してなされ、一通は川上式部忌日情報、一通は川上式部和暦使用の一件となっている。日付は十月十八日であり、この二件は御仮屋守を通じてもたらされた情報となっている。

ここで改めて『御物城高里親雲上唯紀日記』咸豊二（一八五二）年十月二十日条を見ると、本書引用部分冒頭には「来る二十三日と二十四日の二日の内（のどちらか）、御小姓与番頭川上式部様に初めて御見舞いをしたいとのことを、那覇里主と同伴して御用達の取り次ぎでうかがったところ、二十三日は問題ないとのことをうかがった」とある。二十日の出来事として、川上式部の初御見舞い日程につき、親見世統括役人二人（那覇里主と記主の御物城唯紀）は連れだって、自ら川上式部の許を訪れ、二十三日と二十四日の候補日を示し、日程の確定を行っているのである。しかしながら『異国日記』（日付の立項なし）同年同月十八日条に見られるように、二人は既に、前々日の十八日には川上の忌日情報を、御仮屋守から聞いて知っており、二十三日か二十四日という候補日はそれを知った上で計画されたものであった。そのため、もし忌日情報と使用暦一件を日記に記すのであれば、『異国日記』のように、それを初めて知った十月十八日条がふさわしいことになる。そして仮にそのような場合、この二つの情報は当然、付けたり情報ではなく、日記本文の中にワンセットで記述されるべきであったと思われる。しかし、実際の『御物城高里親雲上唯紀日記』十八日条に二つの情報は記されなかった。確かな理由は不明だが、考えられるのは、書き忘れか、或いは『異国日記』に既に記述済みだったためのどちらかであろう。そして、十月二十日、初御見舞い日程決定の内容を日記に記した後、唯紀の頭にはそれと連動していた川上式部両親の忌日情報が浮かんできたものと思われる。前述したとおり、川上関係儀式日程は、その忌日と関わってくるためである。そこで唯紀は、十八日の日記には記さなかった川上両親の忌日を「一、三月九日　一、四月二日」と、御物城として自身で作成した首里王府（御鎖之側）宛の報告書を念頭に日記に記録したのである。『御物城高里親雲上唯紀日記』の中で、父の忌日と母の忌日がそれぞれ一つ書きとして独立した箇条書きになっているのは、御鎖之側への報告書自体に、自らがそれぞれを一つ書きで記していたためであろう。そして、これを日記に記した段階で、唯紀の頭のスイッチは、この日の記事の眼目たる初見舞い日程問題から、新着川上式部情報へと切り替わってしまったと考えられる。次には、十八日の段階で、忌日とセット情報であった使用暦問題を、忌日情報と対置する形で独立した一ヵ条を仕立てて記録したのであろう。

後日、改めて日記を検読したところ、そもそも川上以外の在番奉行他諸薩摩役人の使用暦の問題は、川上式部初御見舞い日程問題とは無関係であることに気づいた。しかも川上の使用暦問題も、初御見舞いの日程と直接的には関係しない。そこで、暦問題について記した四ヵ条目は全文削除し、その代わりに、忌日情報の二・三ヵ条目の付文（付けたり記事）へとランクダウンさせた上で、川上のみの使用暦情報を記載したものと考えられる。

三節　『異国日記』と『御物城高里親雲上唯紀日記』の矛盾
～異なる日記に書写された一通の文書から～

『御物城高里親雲上唯紀日記』咸豊二（一八五二）年十一月十日条には、川上式部着任につき、薩摩方より琉球に手交された文書が書写されている。『御物城高里親雲上唯紀日記』には珍しく地の文がない。冒頭から末尾まで一貫して文書書写に終始している記事である。まずはその文書を次に掲げる。一部、引用史料中に傍線を引いているがこの点については後述する。

同十日

一、今度川上式部初其外渡海ニ付、琉球方互之付届向、又者
国王様より招請沙汰之儀、御国元ゟ申来趣有之。其段者先達而委曲相達置通候。然共式部儀者御役
柄旁別段之事候間、以来会釈向之儀左之通可有之候。

一、春秋早船来着之節
上様御機嫌沙汰等之御祝儀者、異国人方御役々同様ニ而、宿元吉左右之悦ハ式部迄可被申入候。

一、年頭・五節句者右御役々同様互之祝儀迄可有之候。

一、異国人方御役々等之儀、着出立外、暑中一度、
国王様江計軽品進上ニ而、摂政・三司官等江者暑中迄互安否尋一通可有之候得共、式部儀者暑寒并歳
暮共

国王様江軽品進上御容体伺等申上、摂政・三司官・鎖之側・里主・御物城迄も同様ニ而、互ニ安否尋等可有之候。

一、物奉行并異国人方掛繰廻ニ而那覇詰五人之親方、且申口者専異国人方構之役場ニ付、式部初御役々等江何そ之祝儀・見舞今迄通ニ而、式部計者暑寒共互に軽品進覧安否尋可有之候。

一、式部江王子方并書院奉行・書院当・大和横め・御兵具当ハ着出立迄、互ニ軽品進覧祝儀等可有之候。其外式々之儀者互之不及取遣、祝儀又者安否尋迄一通可有之候。

一、臨時之吉凶ニ付而者有来振合通可有之候。

一、右外月越尋等之儀者是迄御役々不及其儀候間、相待向追々申渡置通可被心得候。右者異国人逗留之様子も無際限、夫故追々御役々等交代も可被仰付。就而者去ル辰年一組之人数被差渡候節多人数之事ニ付、音信贈答ニ者不及段被仰渡置。其後追々少人数ニ者相成候得共、琉球方之儀近年災殃事而已打重り、別而難渋之趣ニ付、此節猶亦吟味之訳有之候間、相待向以来右之通可被相心得候。此段申達候事。

子
十一月

新たに着任した川上式部の待遇について、従来からある異国人方の役人を引き合いに出しつつ、薩摩から琉球に具体的に指示したものである。長文であり、かつ内容そのものは本論と直接関係しないので、おおよその大意のみ示しておくと次のとおりとなる。春秋の早船来着の際の上様への御機嫌伺いや年頭・五節句などは異国人方役人と同様とする。しかし、異国人方役人達は琉球到着（着任）と同出立

（離任）の際のほかには、暑中に一度だけ国王への軽い品を進上できることになっているが、川上はこれに加えて、寒中と歳暮にも国王に進上できる（国王からの返礼品が多大になるため、川上側の得分が大きくなる）。また異国人方役人達は摂政・三司官に暑中に安否尋ねを行えるが、川上はそれに加えて、御鎖之側・那覇里主・御物城までは行って良い（こちらも同様、返礼品のため川上側の得分が多くなる）などが記されている。

ところでこれと同じ文書は『異国日記』（日付の立項なし）十一月二十一日条にも収録されている。なお、棒線部は、前掲『御物城高里親雲上唯紀日記』と異なる部分であることを示し、『御物城高里親雲上唯紀日記』と対応する箇所に引いている。但し、「摂政」を「接政」と誤るなど、明かな近代の誤写については無視した。

一今度川上式部初其外渡海ニ付、琉球方其之付届向、又者国王様より招請沙汰之儀、御国元より申来趣有之。其段者先達而委曲相達置通候。然共式部儀者御役柄旁別段之事ニ付、以来会釈向之儀左之通可有之候。

一、春秋早船来着之節
上様御機嫌沙汰等之御祝儀者、異国人方御役々同様ニ而、宿元吉左右之悦者式部迄可被申入候。
一、年頭・五節句者右御役々同様互之祝儀迄可有之候。
一、異国方御役々等之儀、着出立外、暑中一度、国王様江計軽品進上ニ而、接（摂）政・三司官等者暑中迄互ニ安否尋一通可有之候へ共、式部儀ハ暑寒并歳暮共国王様江軽品進上御容躰伺等申上、接(摂)政・三司官・御鎖之側・里主・御物城迄も同様ニ而、互ニ安否尋等可有之候。

一、物奉行并異国人方掛繰廻ニ而那覇詰五人之親方、且申口者専異国人方構之役場ニ付、式部初御役々等江何そ之祝儀・見舞者是迄通ニ而、式部計者暑寒共互ニ軽品進覧安否尋可有之候。

一、式部江王子方并書院奉行・書院当・大和横目・御兵具当着出立迄、互ニ軽品進覧祝儀等可有之。其外式々之儀者互之不及取遣、祝儀又者安否尋迄一通可有之候。

一、臨時之吉凶ニ付而者有来振合通可有之候。

一、右外月越尋等之儀者是迄御役々不及其儀候間、相待向追々申渡置通可被心得候。

右者異国人逗留之様子茂無際限、夫故追々御役々等交代も可被仰付。就而者去ル辰年一組之人数被差渡候節多人数之事ニ付、音信贈答ニハ不及段被仰渡置。其後追々少人数ニ者相成候へ共、琉球方之儀近年災殃事而巳打重り、別而難渋之趣付、此節猶又吟味之訳有之候間、相待向以来右之通ニ而可被相心得候。此段申達候事。

子
十一月廿一日

両文書を比較すると、まず冒頭の棒線部の一つ書き「一」は、『御物城高里親雲上唯紀日記』にのみ記されているが、これは文書の写しとしては『異国日記』が正しい。通常の文書では、「以来会釈向きの儀左の通りこれ有るべく候」以降の具体的指示について、一つ書きがなされるのであって、文書冒頭から「一」が付されることはない。『御物城高里親雲上唯紀日記』はこれを日記風に書き改めたために、冒頭に「一」がつけられたと考えられる。また『御物城高里親雲上唯紀日記』は「上様」「国王様」ともに擡頭になっているが、『異国日記』は「上様」は同じく擡頭、「国王様」は平出の場合と追い込みの場合と二種類ある。擡頭か平出かは別としても、同じ「国王様」は同一格式で書かなければならないから、これは『異国日記』の書写ミスである。その他、『御物城高里親雲上唯紀日記』では「互」になっていたものが『異国日記』では「其」となっている点は、意味的には「互」が相応しく、『異国日記』の誤写と思われる。その他「別段之事候間」（『御物城高里親雲上唯紀日記』）が「別段之事ニ付」（『異国日記』）になっていたり、「江者」（『御物城高里親雲上唯紀日記』）が「者」（『異国日記』）のみとなっていたり、或いは「ハ」と「者」の違いが相互にあるなど違いはあるが、これらはいずれも単純な書写ミスと考えて差し支えない。

以上の些末な点とは異なる、重大な相違点は末尾の月日である。『異国日記』はこれを「十一月二十一日」としているのに対し、『御物城高里親雲上唯紀日記』では「十一月」とするのみで日付を書いていない。そして、『御物城高里親雲上唯紀日記』ではこの文書を、『異国日記』に書写された文書の日付よりも十日以上も前、十一月十日条に記録しているのである。『御物城高里親雲上唯紀日記』の十日条の直後には十一日条、さらにその後には十二日条があるから、この文書は間違いなく十日条に記録されたのであって、日記の日付が誤っているわけではない。同じ文書を書写しているはずにも拘わらず、何故に『異国日記』では文書の日付が「十一月二十一日」とされ、『御物城高里親雲上唯紀日記』では日付を書写することなく、十一月十日条に記録されたのであろうか。

想定できる可能性の一つに次のものがあろうか。『異国日記』引用文書の十一月二十一日付のものは正式の文書であって、そのために日付が入っている。これに対して『御物城高里親雲上唯紀日記』十一月十日条に記録された日付のない文書は、琉球側との事前のすりあわせをするための内々の文書であり、そのため敢えて日付は記されず、十日に親見世統括役人御物城の元にもたらされた。唯紀はその御物城の任にあったために知り得た内々の情報を日記に書き留めたとする可能性である。しかし、川上式部の待遇については、今後の先例ともなる、藩中央部からの指示である。出先の役人がどうこうできる類のものではなく、まして琉球側とすりあわせをするような内容でもない。

そこで想起されるのが、前節で見た『御物城高里親雲上唯紀日記』咸豊二（一八五二）年十月二十日条の川上式部以下が使用する暦について記した抹消記事「御用と全ての書留は和暦を使用することについては承知しました」との記事である。川上式部の待遇に関する藩中央部からの指示について記したこの文書は、まさしくこの「御用」（公務）の「書留」（文書）ということになる。よって、少なくとも、『異国日記』に書写された十一月二十一日は和暦であることは誤りない。和暦での一八五二（嘉永五）年十一月二十一日は丙辰にあたり、これを西暦に換算すると一八五二年十二月二十日となる。これを鄭鶴声氏編『近世中西史日対照表』に基づき、時憲書（中国暦）に変換すると、一八五二（咸豊二）年十一月十日となる。選日通書（琉球暦）の作成は時憲書（中国暦）に習ったものであるから、選日や暦注などに差違があるものの、暦の算値については同じである。すなわち『異国日記』に書写された文書の日付「十一月廿一日」は和暦の日付であって、同日は琉球では十一月十日にあたった。そのため『御物城高里親雲上唯紀日記』で記主は十一月十日条に記録したのである。しかしながら、日記の十一月十日条に記録した文書の日付が十一月二十一日では矛盾になってしまう。そこで記主唯紀は敢えて日にちは書写せずに、月のみの表記として、矛盾を回避したと考えられる。

本書三五ページにて『異国日記』や『産物方日記』などでは、多くの場合、日付の立項がないことを述べた。それらの日記は、薩摩藩異国方や産物方との関係が密接であり、薩摩と琉球との間で交わされた「書留」（文書）が非常に多く書写されている。となれば、日記の日付は琉球側の選日通書で、書写される方の文書は和暦でなされることとなり、両者に矛盾が生まれる。この矛盾を解決するための手段として、敢えて日記の方で日付の立項をしないのだと考えられる。他方、『異国日記』や『産物方日記』と同じく、那覇筆者によって記録される『親見世日記』では日付の立項がなされている。親見世の職務において、薩摩側との交渉は最重要事項の一つではあっても、あくまで親見世は那覇を管轄する役所である。薩摩役人との関係構築のみが職務ではない。親見世の統括役人たる那覇里主や御物城も同様である。だからそれらの日記は選日通書（琉球暦）に基づいて日付の立項がなされる。しかし、日記の日付と文書の日付が矛盾する場合には、文書の日付の方が日記に記されないのであろうと考えられる。

四節　再び、事前に記された未来日記について～『御物城高里親雲上唯紀日記』よりわかる『異国日記』の記事成立過程～

本章第二節で『異国日記』よりわかる『御物城高里親雲上唯紀日記』の記事成立過程について見てき

たが、二つの日記が連動していれば、当然その反対もありえる。そこで次には、『御物城高里親雲上唯紀日記』からわかる『異国日記』の記事成立過程について見てゆきたい。

『異国日記』咸豊四（一八五四）年正月一日条には次の記述が見られる。

正月朔日

一、年頭之為御祝儀、川上式部様并御役々衆江之　上使、異国船滞船付、御被（取）止相成候事。

附、委細之儀者去年定式下巻日記相見得候也。

一、右同として、里主・御物城以下親見世若筆者者（衍）迄、御仮屋方罷通候儀、右同付（断カ）　被（取）上（止）候事。

例によって口語訳を示す前に、若干の補足説明をしておきたい。右史料中に「去年定式下巻日記」とあるが、この「定式日記」が、親見世の『異国日記』や『産物方日記』で登場してきた場合は、例外なく『親見世日記』を指す。本書第一章第三節で見たように、『親見世日記』は正月から六月までが上巻、七月から年末までが下巻となっている。であるから、「去年定式下巻日記」は去年（咸豊三年）の『親見世日記』六―十二月記ということになる。「那覇筆者日記」の中で、『異国日記』や『産物方日記』は特定事案だけを収録するのに対し、『親見世日記』はそれ以外のあらゆる事案を収録する。その上、『親見世日記』だけが日付の立項を必ずするため「定式」なのであろう。それでは口語訳に移ろう。

一、年頭のご祝儀として、川上式部様と（薩摩）役人達への（国王からの）上使（派遣）は、異国船が滞在しているため中止となった。

付けたり、詳細は去年の定式下巻日記（親見世日記下巻）に記載している。

一、右同（年頭の御祝儀）として、那覇里主・御物城以下、親見世若筆者迄（の親見世役人全員）が、（薩摩）在番奉行所に挨拶に行く件は、同じく中止になった。

本書で度々見てきたように、王国時代末期の咸豊年間の国家的懸案事項は、イギリス・フランス・アメリカなど異国人滞在であり、そのため、薩摩役人達への年頭の上使（国王の使者）派遣ならびに親見世役人の挨拶が中止になったとのことが記されている。

それでは次に同じ日の『御物城高里親雲上唯紀日記』を見てみよう。年頭にあたり、親見世役人が薩摩在番奉行所を訪れ挨拶するのは、年中行事として重要職務の一貫であるから、必ず何かしらの記事があるはずであり、そして当然ながら、同じ内容、すなわち当年の場合は中止された旨が書かれているはずである。

正月朔日

（一ヵ条省略）

一、御仮屋方年頭御祝儀之儀、去蝋（臘）歳暮之砌御仮屋方ゟ御沙汰之趣有之、御互ニ御取止相成筈候得共、吟味之訳有之、里主・大和横目・御兵具当一同、色衣冠ニ而御見舞罷通候事。

（他、一ヵ条省略）

ここも口語訳をする。というよりも、むしろここは、史料の写し間違えをしたと思われないためにも、是非とも解釈を示しておかなければならない。

一、（薩摩）在番奉行所への年頭のご祝儀の儀は、去る十二月の歳末に（薩摩）在番奉行所より御沙汰があって、お互いに取りやめるはずとなっていたが、訳あって、那覇里主・大和横目・御兵具当一同、色衣冠（の正装）にて御挨拶に行った。

言っていることが真逆なのである。最初これに気づいた時、私は二つの日記で、違う年の正月一日条を見ているのかと思った。しかし確認してみても、どちらの方も間違いなく咸豊四（一八五四）年記であり、その正月一日条である。

整理してみよう。『異国日記』『御物城高里親雲上唯紀日記』ともに、年の瀬の段階では、薩摩在番奉行所への親見世役人の年頭挨拶が中止予定であったことは一致している。そのため、両日記とも「咸豊四年」の表題に必ずしも頼らずとも、同じ年の記事だと見て誤りない。しかし肝心の当日儀礼では、『異国日記』は中止とし、『御物城高里親雲上唯紀日記』では「吟味の訳これあり」変更され、親見世役人勢揃いして実施されたとする。このような矛盾を整合的に理解するための解決策は一つしかないであろう。この『異国日記』咸豊四年正月一日条は、同日に書かれたものではない。この記事を書いた那覇筆者は、年の瀬に中止が決定した段階で、翌年元日分の日記を記録してしまったのである。

一旦、薩摩・琉球間双方で中止と決定したものが、急転直下実施されることになるとは夢にも思わなかったのであろう。或いは、元日早々から業務日誌を筆録するのは、できれば避けたかったのかもしれない。生来怠惰な私には、その気持ちが痛いほどよく理解できる。そして、この那覇筆者は、急遽の変更を受けて、自分のミスをフォローすることまで忘れてしまったのである。本書で指摘したように『異国日記』はじめ「那覇筆者日記」は、当初、下書きとして記され、後から清書される。単なる下書きなのだから、人知れず、こっそり書き直してしまっておけば良かったのであろうが。

まだ『国立台湾大学図書館典蔵　琉球関係史料集成』三巻を入手する前の二〇一六年六月四日と五日、放送大学面接授業「琉球史料論」にて、本書前半部に収録した話しをした。その際、第一章第一節「ペリーがやってきた」を話したところ、受講者の一人から「日記を事前に記すということはよくあることなのでしょうか？」という質問を受けた。その時の回答は次のようなものであった。「行事が複数予定されている当日に、突然ペリーがやってくるなんて、そもそもそう滅多にあることではありません。だからこの日の記事はたまたま偶然が重なって、事前に書かれたことがわかっただけで、本当はけっこうあるのかもしれません。でもそれを確認する方法がありません」。しかし、『御物城高里親雲上唯紀日記』咸豊三（一八五三）年四月十九日条と『異国日記』咸豊四年正月一日条、僅かの間に複数の日記からそれが確認できることを踏まえると、少なくとも公務日記において、事前に記事が執筆されることは、そう珍しい事例とはいえないのかもしれない。琉球の公日記を読む時、留意しておくべき事柄の一つであろう。

五章　福地家日記史料群の性格

はじめに

本書ではこれまでに、福地家が所蔵する『産物方日記』道光三十年記、『異国日記』道光三十年記、『御物城高里親雲上唯紀日記』（咸豊二・三・四年記）、『親見世日記』道光二十五年記上巻の書誌情報ならびに性格について述べてきている。ここでまとめておこう。

『産物方日記』『異国日記』『親見世日記』は、一旦反故にされた親見世（おやみせ）行政文書の紙背を再利用して作成された、下書きの日記である。これら三つの日記は複数人体制の那覇筆者によって記録された。この那覇筆者を統括する役務を担った一人が御物城（おものぐすく）であり、『御物城高里親雲上（ぺーちん）唯紀日記』は高里親雲上唯紀（いき）の御物城（おものぐすく）在任中の公日記である。この日記に紙背文書はなく、芭蕉紙が使用されている。すなわち、この芭蕉紙は日記をしたためるためにわざわざ準備されたものである。そしてこの日記もまた下書きの日記であった。

これらの公日記は、本来は親見世にあって、職務の先例を調べるために保存されていなければならない類のものである。それを何故福地家が所蔵しているのか。この点について、従来は、親見世にある日記原本を書写したものと考えられてきた。しかしながら、実際には上述四日記は、いずれも下書きの日記であり、清書されるまでの時限的効力を期待されたに過ぎない。清書本が作成された後は、その役割を終え、反故となる。反故になったから、福地家に残ったのである。そして本来親見世に残され、戦禍で失われたものは、あくまでも清書本であった。原本・写本との分類方法を敢えて使うのであれば、原本とは福地家に残された方の日記である。

ところで、従来写本と考えられていた上述四日記が、実際にはオリジナルの下書き日記であった、ということになれば、それ以外の福地家所蔵日記についても、改めてその性格を問い直さなければならないであろう。上述四日記について、これまでの見解が誤っていたのだとすれば、当然、他の日記についても同様の可能性が考えられるためである。そしてこの問題を検討することによって、福地家日記史料群は全体としていかなる性格を有するのかが明らかになってこよう。そこで、本章では、上述四日記以外を中心に、福地家所蔵の各日記について、個別具体的に再検討を加え、各日記の性格、そしてなぜそれが福地家に残されたのかを検討し、その上で福地家日記史料群全体の性格について考えてゆきたい。

まずは上述四種の日記を、本書七ページに掲載した『那覇市史』の目次と対応させておく。目次第一章1『産物方日記』が本書『産物方日記』、第一章2『異国日記』が本書『異国日記』、第二章2『日記』が本書『御物城高里親雲上唯紀日記』、第二章4『日記』が本書『親見世日記』である。以上を踏まえて、『那覇市史』の目次順に各日記を検討をしてゆこう。

1　那覇里主玉城親雲上日記（なはさとぬしたまぐすくぺーちんにっき）

まず『那覇市史』目次第一章1の『日記』から見てゆく。同記は元袋とじだが、現在は装丁されておらず、一紙ごとに分かれている。法量は縦二三、〇センチ×横一六、七センチ。料紙は芭蕉紙で紙背文書はない。よって、料紙は日記をしたためるために準備されたものとなる。全体として書き直しや補書が多く見られ、それらは黒墨或いは朱墨にてなされている。表紙には①「道光九年己丑正月朔日より翌寅二月迄」②「日記　下」③「玉城親雲上」が記されている。①は執筆期間、②は表題、③は記主となる。しかしこの下巻の執筆期間中、道光九年十月十九日条より後の記録は欠失している。小野まさ子氏『那覇市史』第一章「解説」では、記主玉城親雲上が親見世統括役人の那覇里主として記録した日記としている。『那覇市史』では単に『日記』としているが、それでは他の日記と識別できないので、本書では『那覇里主玉城親雲上日記』と呼ぶことにする。

これまで本書では、那覇を管轄する親見世（おやみせ）の統括役人として、御物城（おものぐすく）が頻繁に登場してきた。実のところ、那覇里主についても、本書中で幾度か説明しているのであるが、印象が薄いであろうと思われ、ここで再び説明する。那覇里主もまた御物城同様、親見世の統括役人であり、親見世は那覇里主と御物城の各一名により統括される。そして、那覇里主は首里居住の士族から、御物城は那覇居住の士族からそれぞれ選ばれる。

福地家は那覇士族であり、本書でもこれまでに高里親雲上唯紀が御物城を歴任していることは何度も述べてきた。例えば、その在任期間の日記が『御物城高里親雲上唯紀日記』にあたる。したがって、那覇居住士族たる福地家の人間が、那覇里主になることはありえない。那覇里主玉城親雲上とは福地家の親近者ではないということである。本来は役所にのこされるべき日記が、親類でもない福地家に残された理由について、田里修氏『那覇市史』「解題二」では、「唯紀の写したもの、ないし手になるものかと思われる」としている。

まずは『那覇市史』が、この日記を唯紀が写し取ったものと考えた根拠からさぐってゆきたいのだが、「解題二」にはその根拠が明記されていない。よって、再検証が困難であり、推測するより他方法がない。しかしながら、想定できる根拠の一つに筆跡があるように思われる。『那覇里主玉城親雲上日記』と、唯紀自筆の下書き日記『御物城高里親雲上唯紀日記』の筆跡を比較すると非常に良く似ているとの印象をうける。それが福地家に事実として残されているのであるから、唯紀が書写したものと考えたのではあるまいか。ただ、筆跡は確かに重要な根拠の一つにはなりうるのだが、実際にはよく似た他人の筆跡もありうる。筆跡のみに頼らず、やはり総合的に見ていかなければならないであろう。

そこで、次に提示したのは『那覇里主玉城親雲上日記』道光九（一八二九）年正月十六日条である。

同十六日

一、今日唐物方御役々「衆」年頭御招請ニ而『之筈』候処、御礼式者本式通相済、御当病御暇之筋取計呉れ候様『相成候付、進上物者私ゟ差上呉れ候様御頼之趣有之候付、御書院参上、当御取次差上候事。』御頼之趣有之候付、表御方へ致御問合、其通相済候事。

右史料は次のページに写真17として提示している。これまでにも触れてきたように、『那覇市史』では抹消文字は翻刻されていないものの、現物は以上のようになっており、文章が朱墨にて変更されているのである。それでは変更前の抹消文字を生かした文意と、変更後の文意をそれぞれ見てゆこう。

（文章変更前）

一、今日、唐物方の（薩摩）役人達に（国王からの）年頭の御招待があったところ、礼式は通例通り終わったものの、病により（それより後は）欠席させて欲しいとの要請があったため、表御方（の三司官）に報告した上で、その通りとなった。

（文章変更後）

一、今日、唐物方の（薩摩）役人達に（国王からの）年頭の御招待がある筈であったところ、礼式は通例通り終わったものの、病により（それより後は）欠席されたため、（国王への）進上物は私（記主の那覇里主）から差し上げて欲しいとの申し出があり、御書院に参上して、御書院当（あたい）の取り次ぎで（国王へ）差し上げた。

最初の抹消部分「ニ而」を「之筈」と変更した点は、書写間違いの訂正と見ることも可能である。例えば、底本では「御招請之筈候処」とあったにも拘わらず、ついついいつもの自分自身の文章作成時の癖で「御招請ニ而候処」と書いてしまい、後で間違いに気づいて朱墨にて訂正した、などという考え方も成り立ちうる。しかしながら、後段部分の文字抹消は、明らかに写し間違いではない。朱墨している人物は文章を推敲しているのである。おそらく朱墨した人物は、後に抹消される文章を一旦日記に書い

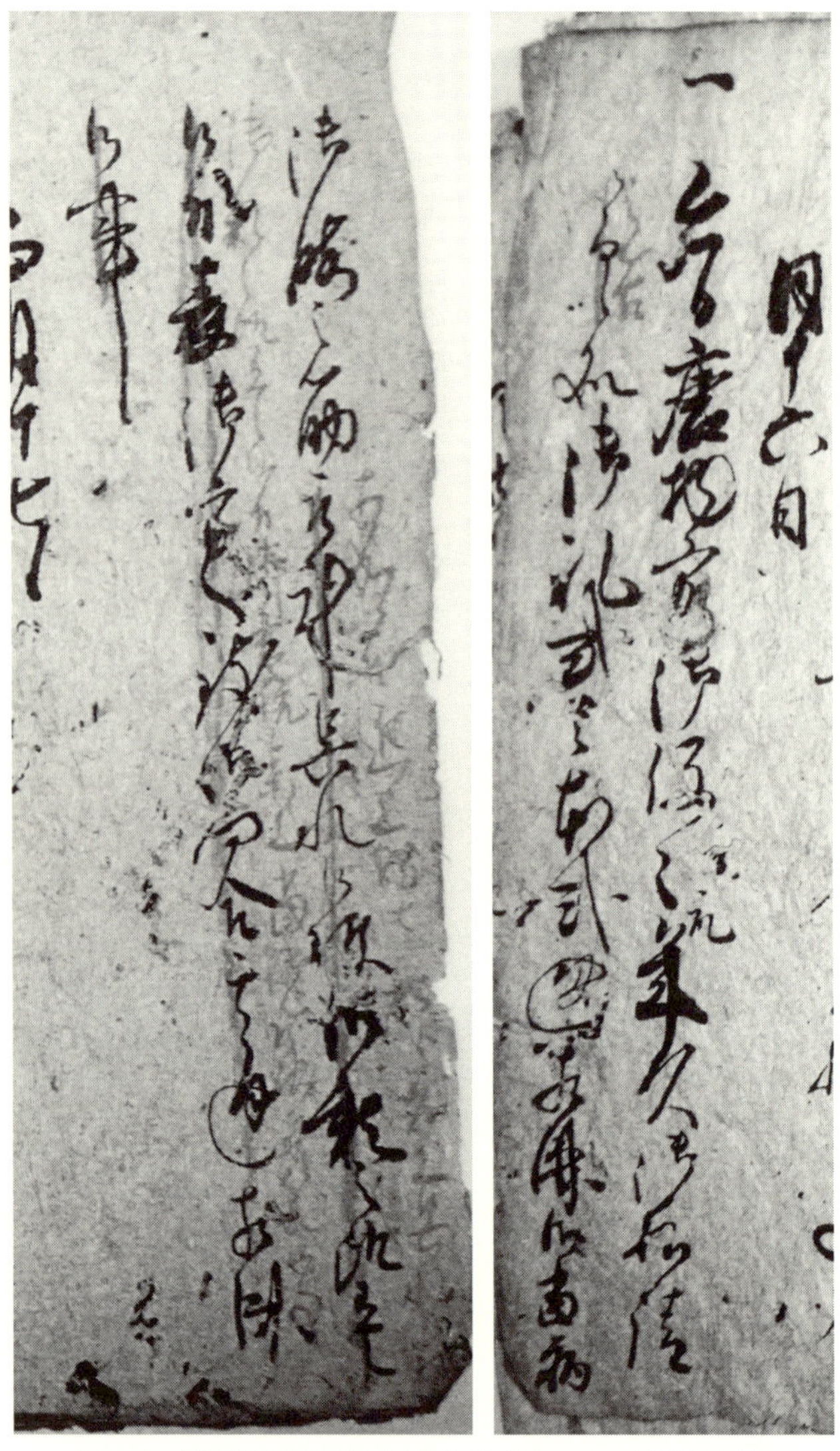

写真17　『那覇里主玉城親雲上日記』道光９（1829）年正月16日条

た後、早退した薩摩役人達からの進上物をどのようにして国王へ提出したのか、その先例を残しておくべきと考えたのであろう。そもそもその代行役は那覇里主が行っている。この日記が里主日記であることを踏まえれば、情報の記録は必須とすらいえる。そのため、文章を大きく改編したのである。玉城親雲上の日記を唯紀が改編し、文章を創作したなら、それはもはや玉城親雲上の日記とはいえない。この日記が公日記であることを踏まえれば、現在でいうところの公文書偽造罪である。朱墨にて文章を改編した人物は誤りなく玉城親雲上本人である。

上述した文章推敲が『那覇里主玉城親雲上日記』中で特殊な事例ではないことを示すため、もう一例だけ、今度は同年六月十三日条を挙げておきたい。写真は次のページに写真18として提示した。

「同十三日」
一、古御横目谷山角太夫殿・村田休兵衛殿・足軽上田隼八・築地半次郎・唐物方御徒目付和田五左衛門殿・丹生矢兵衛殿・御書役河野清左衛門殿・足軽遠矢市助江、為御餞、左之通目録取添差上候事。『候而、那覇役々一同御銘々御門迄名札を以罷通候事』

（餞別品目録など以下数ヵ条省略）

一、古御横目御両人并唐物方御役々衆江為御餞『御案内御物城被相勤候事』
上使御書院奉行喜舎場親方、其外王子衆・三司官衆・表御人数御下、御扣被成候事。

附　「唐物方御目附亡折田八郎右衛門殿江ハ私御使を以被差上候也」

上使御案内御物城相勤候也。

一、右同として那覇役々一同御仮屋方御門迄罷通候事。

一、右同ニ付、王子衆・三司官衆・表御人数御下り御扣被成候事。

右史料の訂正は黒墨と朱墨が混ざり合ってなされているため、ここでもう一度、凡例を、右史料で使用した符号に限定の上で、再掲しておく。

（凡例）
、（文字左傍）　朱墨で抹消された文字
・（文字左傍）　黒墨で抹消された文字
『　』　行間などに朱墨にて補書された文字の範囲
「　」　行間などに黒墨にて補書された文字の範囲

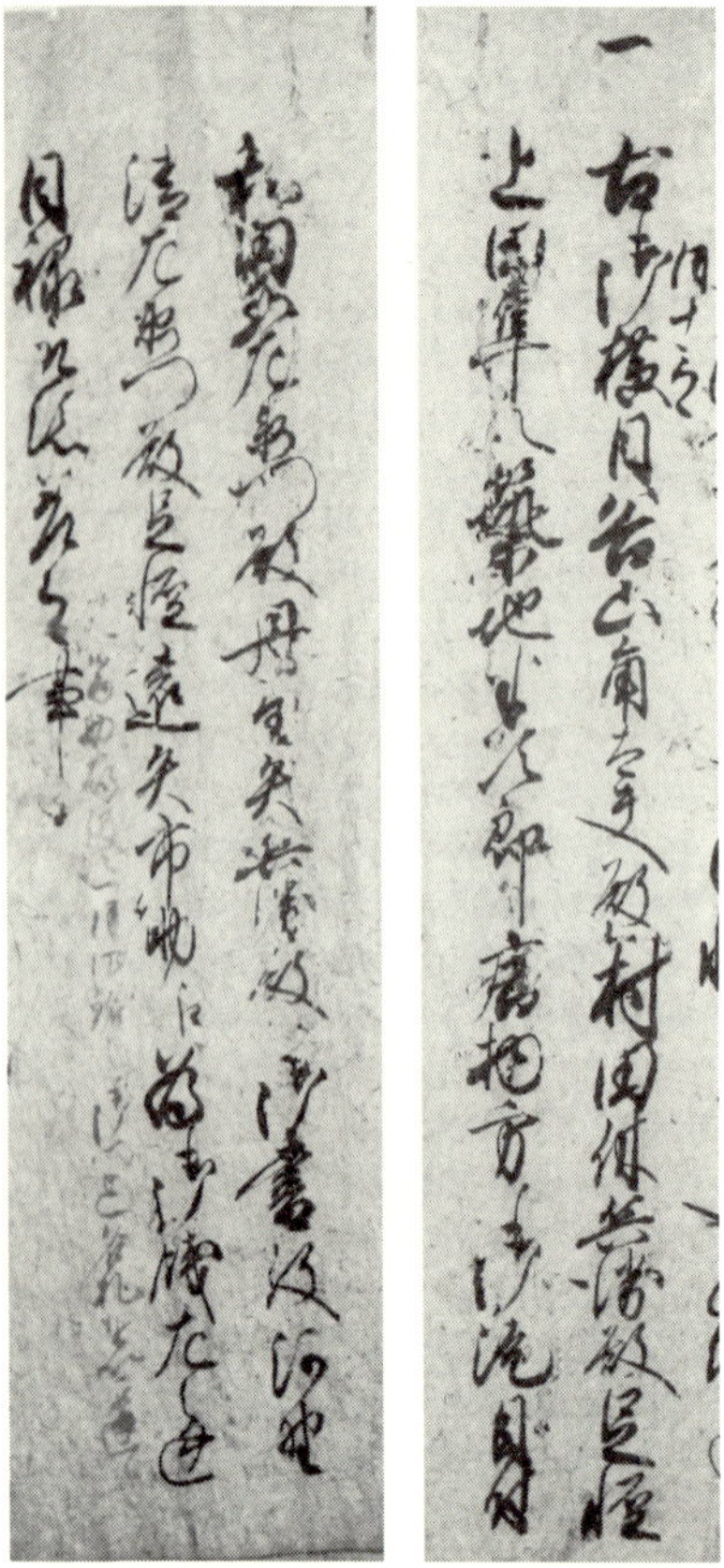

6月13日条（本文対応部分）

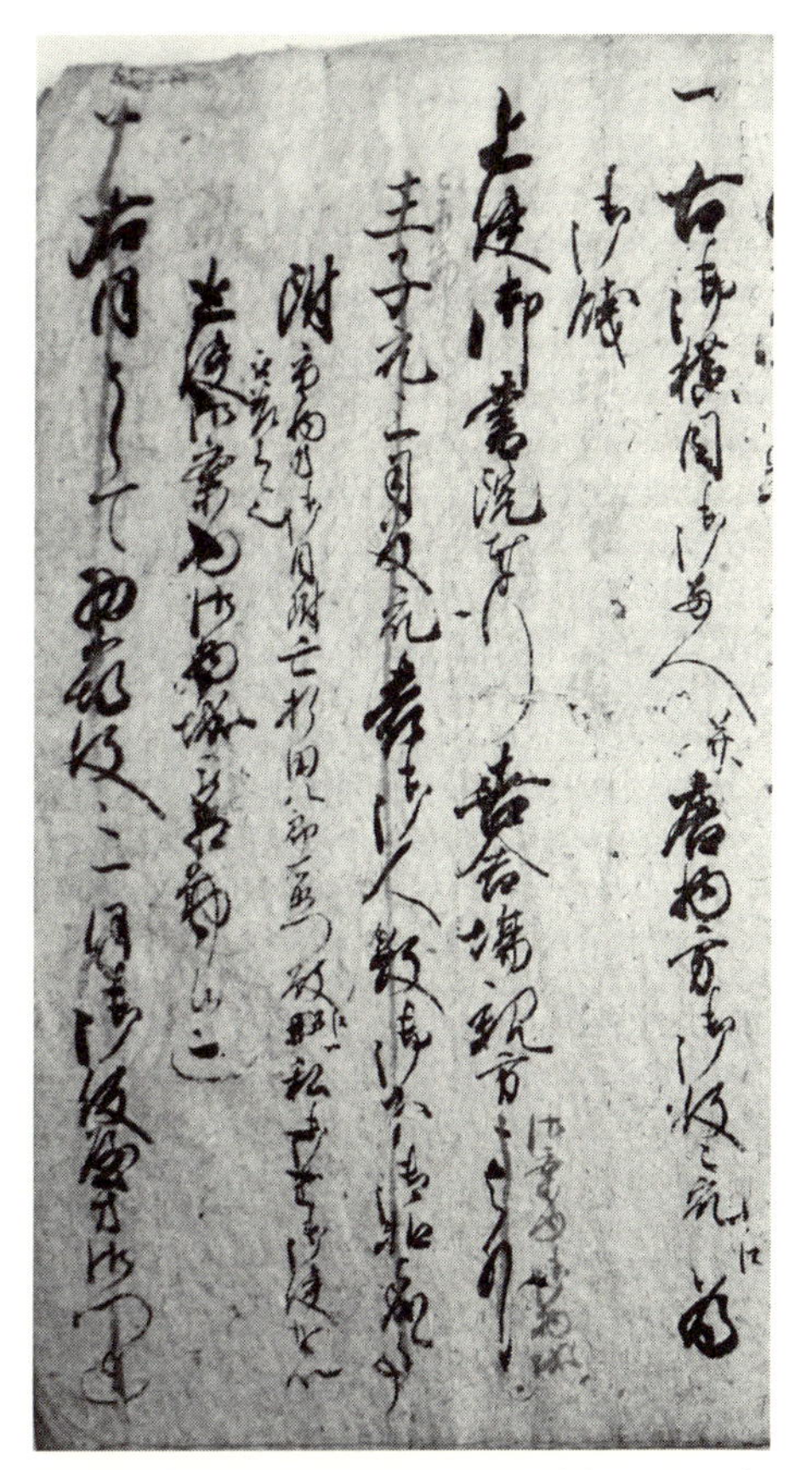

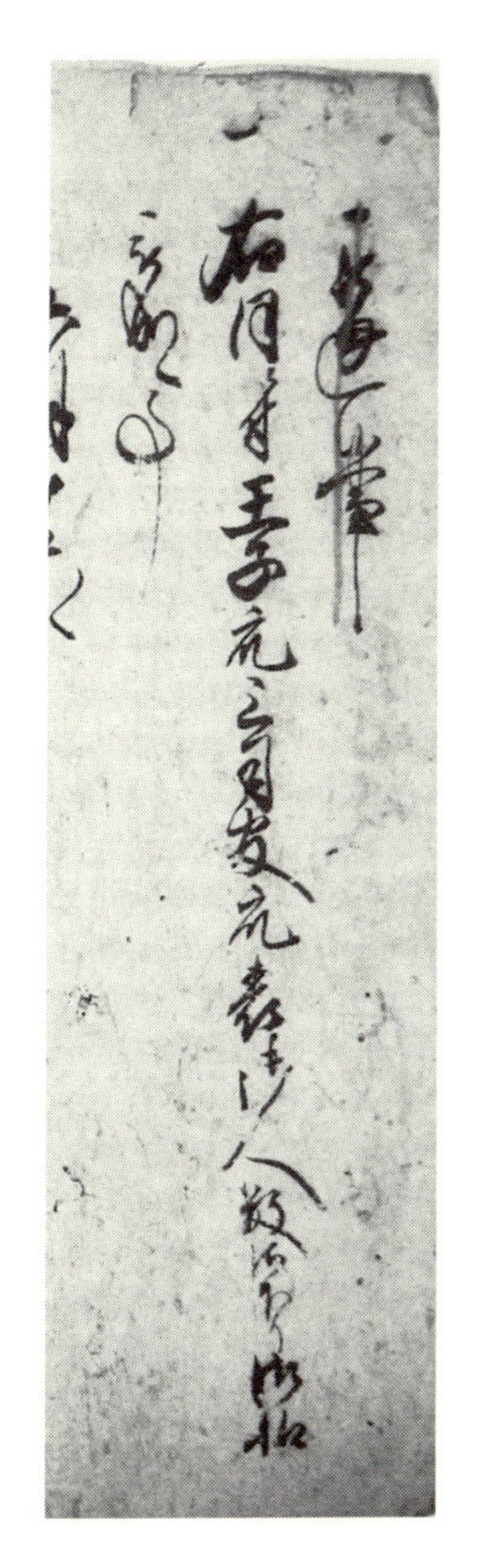

写真18　『那覇里主玉城親雲上日記』道光９（1829）年

それでは、右引用部分中の変更カ所の変更理由を具体的に考えてみよう。

まず指摘しておかなければならない点は、そもそも日付が黒墨の行間補書でなされている点である。この記事には当初、日付がなかったのである。日付を書かずに本文記事を書き始めることがあるのか。日記の記事冒頭に日付がなかったとしたなら、それは書き忘れではなく、写し忘れではないか、との疑問は当然生じて来るところであろうが、類例は福地家日記史料群中に複数存在する。例えば、本書の冒頭「ペリーがやってきた」で扱った下書きの日記『御物城高里親雲上唯紀日記』では、咸豊二（一八五二）年八月十日条の「八月十日」や、同年九月五日条の「九月五日」は行間補書である。また詳しくは後から検討する、同じく下書きの日記『御物城福地親雲上唯延日記』にても、同治十一（一八七二）年三月三日条の「同三日」、同年五月四日条の「同四日」、同年六月二十二日条の「六月廿二日」などは行間補書となっている。下書きの日記ではないが、オリジナル本の『福地家日記』では辰（一八五六）年十二月一日条「十二月朔日」もまた行間補書である。これらは、後日になってから複数日の記事をまとめて書いた際に発生したミスであろうと思われる。

次に記事本文の検討にはいる。まず一ヵ条目で記主は末尾の「候事」二文字を朱墨抹消し、「候而、那覇役々一同御銘々御門迄名札を以罷通候事」を朱墨にて新たに書き加えた。理由は同じく朱墨にて抹消された三ヵ条目にある。那覇役人一同が離任する薩摩役人のもとを訪れ、名札を渡して、惜別の挨拶をしたことを記述した三ヵ条目を抹消して、それがそのまま一ヵ条目に統合されたわけである。

次の二ヵ条目では、まず本文で「其外王子衆・三司官・表御人数御下、御扣被成候事」が朱墨抹消された。その理由は四ヵ条目にある。記主は当初、古御横目目谷山角太夫以下、琉球から離任する薩摩役人への惜別儀礼に、王子衆・三司官衆・表御方が首里から那覇に下ってきて控えていたことを二ヵ条目と四ヵ条目に重複して記述するというミスを犯していたのである。後になって、これに気づいたため、二ヵ条目の当該部分の方を削除することを選択したわけである。さらに、削除した部分には新たに「御案内御物城被相勤候事」として、首里から下ってきた国王からの上使、喜舎場親方の案内役を御物城が務めたことが加えられた。これは元々、二ヵ条目の付けたり記事であった「上使御案内御物城相勤候也」の部分を本文に格上げしたわけである。但し、ここには若干複雑な経緯がある。問題となるのは、二ヵ条目付けたりの「上使御案内御物城相勤候也」部分の抹消は黒墨でなされているのに対し、本文の方に補書された「御案内御物城被相勤候事」は朱墨にてなされている点である。これまでの事例では、黒墨での訂正は、比較的早い時期と推測されるものが多く、場合によっては記事執筆中や、直後であることが明かなものもあった。これに対して、朱墨での訂正は、明らかに後日のものとなる。この点を踏まえれば、二ヵ条目の付けたり「上使御案内御物城相勤候也」が抹消されたのは、おそらくこの記事を書いた直後であったと思われる。この日記の記主玉城親雲上は、一旦、上使案内役情報を記事に書きはしたが、それはあくまで御物城の職務であって、那覇里主のものではないことを考え、すぐに削除し、その代わりに「唐物方御目附亡折田八郎右衛門殿江ハ私御使を以被差上候也」、すなわち「唐物方御目付のうち、既に死亡した折田八郎右衛門殿への（餞の）上使は自分（記主那覇里主玉城親雲上）が勤めた」を黒墨で補書したのである。御物城の役務よりも、自身、那覇里主の役務情報の方を選択したということである。ある意味、これは当然のことといえよう。この日記は那覇里主の日記なのであるから。そしてここで一旦、記事執筆は終わった。しかし、後日の検読の結果、親見世統括役人たる那覇里主として、首里王府から派遣されてくる上使の案内役を誰が勤めたのかは、やはり記録しておかなければならないと考えたものと思われる。その結果、朱墨が使用され、本文に補書する形で、当該箇所が復活したものと考えられる。

以上のような経過を辿って、この日の記事は成立していったことがうかがえるのであるが、これらもまた明らかに書写時の書き誤りの訂正ではない。文章の推敲であって、この日の記事に手を加えているのは、記主玉城親雲上本人なのである。

以上見てきたことから、『那覇里主玉城親雲上日記』は唯紀書写本ではなく、玉城親雲上自筆本であり、役所に提出する前の下書きの日記と考えられる。

ところで、ここで注目しておきたいのが料紙の問題である。『那覇里主玉城親雲上日記』と『御物城高里親雲上唯紀日記』の料紙はともに、紙背文書のない芭蕉紙である。『親見世日記』『異国日記』『産物方日記』など那覇筆者が作成する日記の下書きが、例外なく親見世行政文書の反故紙を使用していた点と、これは一線を画するといって良い。那覇筆者の日記は反故紙を使用して下書きされるのに対して、親見世の統括役人、那覇里主と御物城に対しては、下書き日記仕立て用の料紙として、親見世から芭蕉紙が配布されるものと考えられる。

それでは玉城親雲上が書いた自筆の下書き日記がなぜ福地家に伝来したのかについて考えてみよう。

実をいえばこの点について明確な解答を現時点で持ち合わせていない。御物城や那覇里主など親見世統括役人の日記の清書体制が、福地家の日記史料群のみではわからないためである。『親見世日記』『異国日記』『産物方日記』などの「那覇筆者日記」の下書きが福地家に残された理由は、清書を担当する者もまた那覇筆者自身であるためと考えられる点は先に述べた。しかしながら、親見世統括役人たる御物城や那覇里主の日記までも、本人が清書するのであろうか。作成のみは実際に実務を経験した本人でなければできない。それは当然としても、単にそれを清書するだけなら下っ端の役人がやっていて何もおかしくはない。『御物城高里親雲上唯紀日記』は、下書き本の返却を清書担当者に要求したから福地家に残った。『那覇里主玉城親雲上日記』は当該期の福地家当主唯紀が清書を担当し、下書き本の返却を要請されなかったから、福地家に残ったという可能性が考えられる。そう考えるのが最も自然であろうと現時点では思われる。しかし如何なる職務の一貫として唯紀は『那覇里主玉城親雲上日記』を清書したのだろうかとなれば全くわからない。『譜代貝姓家譜正統』に拠れば、唯紀は嘉慶二十二（一八一八）十二月に船手筆者に任ぜられたことがわかるが、在任期間は記されていない。『那覇里主玉城親雲上日記』が清書にまわされるのは、日記の執筆期間が終了した道光十（一八三〇）年二月よりも後になるが、同年の段階で唯紀は船手筆者は離任しているはずと思われる。結局、道光十年の唯紀の立場は不明であり、何故にこの日記が福地家の残ったのかも不明とせざるをえないことになる。

2　産物方日記

次は目次第一章2の『産物方日記』を見る。これまで本書の中で詳しく見てきた日記ではあるが、未紹介情報も併せ、ここでまとめておく。

那覇筆者が記録するこの日記の料紙は楮紙である。紙背文書があり、破棄された親見世の行政文書が使用されている。現装丁は折り本ながら、これは紙背文書を見るために仕立て直したためとのことである。料紙の折り目跡などより元袋とじと見られる。法量は縦二九、〇センチ×横一九、二センチとなっている。

本書中でも記したように、下書きの日記で、本来は、これを底本にして書写された清書本が親見世に残される。豊見山和行氏「国立台湾大学図書館典蔵琉球関係史料集成第一巻解題」にて、親見世に残された日記は、戦前の沖縄県立図書館に収蔵されていたことが指摘されており、これらは全て前の戦争で失われた。これまで、この沖縄県立図書館旧蔵本をもって原本と考えてきたが、より精確にいえばそれらは清書本である。原本とはオリジナル本を指す言葉であり、清書本の底本となった福地家所蔵の日記こそが原本ということになる。

清書本が作成された後、下書き日記の方は、時限的効力を失い、破棄されることになる。そのため、福地家に残ったと考えられる。

3　異国日記

次は目次第一章3の『異国日記』であり、これについても本書の中で既に詳しく見てきた。但し未紹介情報もあり、それらを含めてここでまとめておく。

『産物方日記』と同じく、那覇筆者によって記録されるこの日記の料紙は、大部分が楮紙である。紙背文書があり、それらは破棄された親見世の行政文書である。但し一部に芭蕉紙が混入しており、それには紙背文書がない。芭蕉紙の使用は全て十二月の記事に入ってからであるため、親見世にストックされていた反故紙が尽きたための措置と見られる。現装丁は折り本ながら、これについても仕立て直したためとのことである。元袋とじで、法量は縦三〇、〇センチ×横二〇、七センチとなっている。

日ごとに書き継がれた下書き日記であり、これを底本にして、二年に一度清書する。清書用の料紙もまた楮紙（百田紙）が使用されるが、こちらは清書用に準備された紙を使用するため、当然紙背文書はなかったはずである。その清書本は親見世に格護され、後に戦禍で失われた。清書本を作成した後の下書き日記は破棄されることになり、その結果、福地家に伝来することになる。結果としては、本来残されるべき清書本が失われ、本来は失われるべき下書き日記の方が現存して今に伝わるという、逆転現象が起こっている。

4　福地家日記

次に目次第二章1の『日記』である。この日記は、王国末期から明治中期にいたる、現福地家の当主、高里親雲上唯紀・福地親雲上唯延二代によって書き継がれた日記である。表紙には袖上に「道光弐拾八年戊申卯月吉日」の起筆日、中央に表題の「日記」、奥下に「他見無用」の注意と「貝善□」の初代記主の名前が記される。『那覇市史』は表紙の「日記」を史料名として採用したわけだが、これでは他の日記と識別できないことから、本書では一貫して『福地家日記』と呼んだ。

本書では記主名を一貫して高里親雲上唯紀としているため、表紙にある記主名「貝善□」との関係は説明しておかなければならない。本書中で既に幾度か述べたことではあるが、「高里」は家名で、これは領地する場所によって変化する。「親雲上」は位、「唯紀」は名乗である。家名と位と名乗を併せて個人識別とするわけだが、もう一つ異なる個人識別方法があり、これが「貝善□」である。破損によって最後の一文字が失われているものの、欠損文字は『譜代貝姓家譜正統』より貝善継とわかる。「貝」は氏名で、こちらの方は本書二〇ページにて既に説明済みであり、血縁集団を意味する。「善継」は諱といい、こちらも名乗と同様、個人の名前である。よって個人識別方法は二種あり、家名+位+名乗でワンセット（大和名という）なのに対し、氏名+諱でまたワンセット（唐名という）となる。

但し、私信や公文書への署名など、普通に生活する上で使用するのは前者の方である。これに対して、唐名は、例えば石碑や肖像画など永続的に残そうとする場合に使用される個人識別方法である。家名や位は時期によって変化してゆくのだから、当然といえば当然であろう。『六諭衍義』を中国より持ち帰り、琉球・日本に広めた人物として著名な程順則（ていじゅんそく）がいるが、これは唐名である。しかしながら、行政文書への署名も含め、彼が日常の暮らしの中で程順則を使用することはない。日常では名護親方寵文の方を使用する。名護が家名、親方が位、寵文が名乗である。

　高里親雲上唯紀が『福地家日記』の表紙に貝善継の方の名前を使用したということは、この日記に永続的効力を期待したからに他ならない。本書第三章にて既に述べたが、この日記には序文があり、「万事之成行等致日記置候ハヽ、我身一分之為而巳ならす、子孫永代之補益不少由候」としている。すなわち「万事の成り行きを日記に記していたならば、自分の為のみならず、子孫まで永代の役にたつ」の意味となるが、まさしく日記が子々孫々に受け継がれることを願ったのである。福地家の日記史料群が、戦争を生き延びることができたのは、おそらく偶然ではない。唯紀の想いが嫡子唯延に受け継がれたからこそ、唯紀没後の唯延の時代にも『福地家日記』の記録は引き継がれた。日記の記録自体は王国の解体によって頓挫したが、想いだけは子孫に口伝で伝わった。だからこそ、戦時下、福地家当主は日記史料群を詰めたリックサックを背負って逃げ回ったのであろう。『福地家日記』は福地家日記史料群の中核をなす日記といってよい。

　書誌学的説明にもどろう。日記は上・下巻の二冊に分冊され、ともに装丁は袋とじである。料紙は楮紙、紙背文書はない。つまり料紙は日記記録用に準備されたことになり、それに楮紙が使用されているということは、前述したように、永続的効力が求められていたためである。法量は上巻が縦二六、五センチ×横二〇、一センチ、下巻は縦二六、五センチ×横二〇、二センチとなっている。

本書中でも述べたように、職務遂行上記された日記ではなく、琉球王国期では極めて珍しい私日記である。しかも自筆本であり、起筆年月日までもが明確にわかる。そのような条件を満たす日記は、福地家日記史料群の中でも、そしてそれ以外でも、この『福地家日記』しかない。前にこの日記をしたためた初代記主唯紀の想いを述べ、福地家日記史料群の中核と表現したが、そのような想いを度外視しても、他に類例がないという点において、史料的にも文化財的にも特別な価値を持つ日記である。

5　御物城高里親雲上唯紀日記

次に目次第二章2『日記』を見る。この日記は、高里親雲上唯紀が御物城在任中に記した業務日記、公日記である。本書では『御物城高里親雲上唯紀日記』と呼んだ。

上下巻の二巻に分冊され、ともに袋とじ装である。またともに料紙は芭蕉紙、紙背文書はない。よって、料紙は日記記録用に準備されたものとなり、那覇筆者が記録し、反故紙が使用される『産物方日記』や『異国日記』とは格の違いがうかがえる。法量も上下巻とも同じで、縦二五、五センチ×横一八、八センチとなっている。

この日記も本書中で詳述したように、下書き日記であり、清書本が作成されるまでの時限的効力が期待された。清書本作成後は、清書本の方が親見世に残され（後任御物城に引き継ぎされ）、下書き日記は破棄される。破棄されたが故に、福地家の残ったのである。但し、これまでにも繰り返し述べてきたことだが、下書き日記だからといって、史料的価値が低くなるわけではない。実情はむしろ反対であり、下書き日記が原本であり、清書本からは読み取れない様々な世界を垣間見ることができる。例えば、本書の冒頭「ペリーがやってきた」で使用したのはこの日記であり、下書き本であるが故に、当日の記事の一部が事前に書かれ、その後時間の経過とともに記事がどのように変化していったかがわかるのである。

那覇を統括する役人（ここでは御物城）が書く日記として、書誌学的に興味・関心を覚えるのは、これを清書するのが誰なのかという問題である。例えば御物城本人が清書しているのであれば、親見世に残されていたはずの清書本もまた自筆本となる。しかしそれでは、前に見た『那覇里主玉城親雲上日記』の下書き本が福地家に残った理由を説明できなくなる。仮に親見世の下級役人が清書を担当するという場合は、下書き本が唯一の自筆本ということになる。戦争で失われた清書本は、自筆本だったのか、それとも他人が書写したものだったのか。全て今後の課題とせざるをえない。ただいずれにせよ、清書本が失われてしまっている以上、この日記が、現存する唯一の自筆本であることは間違いない。火災や天災によって失われるのは仕方ないにしても、戦争で失われるのは惜しんでも惜しみきれないと思ってしまうのは、平和をあたりまえのように享受している者の感覚なのであろう。

る。

6　親見世日記

『那覇市史』目次順に検討した場合、本来次に検討すべきは第二章3『御仮屋別当例抜』であるが、同記は後回しにして、次に第二章4『日記』を見る。本書で一貫して『親見世日記』と呼んだ日記である。

『親見世日記』は現在、四冊に分冊されている。一冊目は表紙から始まり、道光二十五年二月十三日条までが収録される。法量は縦二八、〇センチ×横四二、九センチ、料紙は楮紙で、全て紙背文書がある。現状は一紙ごとに綴られているが、折り跡から元袋とじとみられる。これも『異国日記』や『産物方日記』同様、紙背文書を見るために仕立て直したとのことである。

二冊目は二月二十一日条の途中から始まり、四月十五日条途中までとなっている。但し、二月十五日条途中から三月八日条までは現物確認ができなかった。一冊目終わりの二月十三日条途中から二冊目初めの同月二十一日条途中までも含め、現物確認ができない理由は不明である。法量は縦二九、九センチ×二〇、五センチ、料紙は楮紙で、全てに紙背文書がある。現装丁は折り本であるが、これも紙背文書確認のための仕立て直しとのことで、元袋とじ装と見られる。

三冊目は四月十五日途中から始まり、六月一日条途中まで。法量・料紙・紙背文書の有無・装丁など全て二冊目と同じである。

四冊目は六月一日条途中から道光二十五年記上巻末の六月二十九日条まで。法量は縦二九、四センチ×横二〇、五センチ。以下、料紙・紙背文書の有無・装丁は二・三冊目と同じとなっている。

これまで見てきた日記と同様、下書きの日記であり、前に見た『産物方日記』や『異国日記』も含めて「那覇筆者日記」とも呼ばれ、事実上の記録者は那覇筆者である。那覇筆者が複数人体制で記録した日記であるから、自筆本という概念が当てはまらない。自筆本は存在しないのである。特定人物の自筆本の場合、清書時に底本たる下書き日記を手直しする場合もありえるのだが、記主が複数人体制であるが故に、清書は、単なる書写になってしまう。だからこの場合、清書本であっても、同時代に、各日の執筆者とは別人が書写した写本ということになる。清書本が親見世に格護され、戦禍で失われたことは既に何度も述べたが、失われたものの方が清書本であり、福地家が所蔵するこの日記がオリジナルということになる。

7　島津帯刀様御仮屋守日記

次に目次第二章5『島津帯刀様御仮屋守日記』を検討する。本書で初めて登場してくる日記である。表紙には①「咸豊八年戊午二月十三日より」、②「島津帯刀様御仮屋守日記」、③「泉崎村　高里筑登之親雲上」が記される。①は起筆日、③は記主である。記主高里筑登之親雲上(ちくどぅんぺーちん)は唯紀(いき)嫡子の唯延(いえん)。彼が薩摩守衛方(しゅえいほう)島津帯刀(たてわき)の御仮屋守(おかりやもり)を勤めた際の日記である。島津帯刀は異国船対策のために臨時に派遣された人物、御仮屋守はその接待役にあたる。

ここで②の表題について述べておきたい。御仮屋守は定員一名ではあるが、任期中の病気その他の理由で交代もありえる。任期中の交代にあたり、日記の記録も引き継がれるのか、それとも記主が異なる新しい御仮屋守日記が作成されるのか、今のところ引き継ぎされた日記の実例がないため判然としない。したがって、理屈上は、記主の名前も併せて日記名にいれた方が無難ということになる。しかしながら、唯延は、島津帯刀が着任してから離任するまで一貫してその御仮屋守を勤めた。この日記の最後は咸豊十（一八六〇）年三月二十八日条の「今日未明、帯刀様御乗船御出帆ニ付、御船送仕候事」をもって終わる、島津帯刀唯一の御仮屋守である。したがって、本書でも表題に従い、『島津帯刀様御仮屋守日記』と呼ぶことにする。

料紙は楮紙、紙背文書はない。したがって、料紙はこの日記をしたためるために準備されたものということになる。法量は縦二七、〇センチ×横二〇、二センチ、袋とじ装である。記事の加筆・訂正などはこれまでに見てきた福地家の日記の中では最も少なく、文字も丁寧に書かれており、非常に読みやすい日記である。

本日記も公日記であり、本来は親見世に残っていなければならないものである。それが何故に福地家に残ったのであろうか。この日記の性格を考える際、最も大きなヒントとなるのは料紙であろう。親見世下級役人の那覇筆者の日記の下書きは反故紙が使用され、統括役人の那覇里主・御物城の日記の下書きは低質な芭蕉紙が準備されていた。御仮屋守なる下級役人の日記の下書きに、高品質の楮紙がわざわざ準備される可能性などありえない。すなわちこの日記は、これまで見てきたような、下書きの日記ゆえに清書後は反故になり、福地家に残ったものではないことになる。本来は役所に提出されるべき清書の日記と考えて誤りない。それでは提出されるべき日記がなぜ福地家に残されたのか。

この問題を考えるにあたり、まずは記主唯延が島津帯刀と初対面した咸豊八（一八五八）年四月十二条を見てみよう。

四月十二日

一、島津帯刀様御乗船、今帰仁間切古宇利津御汐懸、陸御通ニ而那覇江御登被成筈候段、表御方ゟ里主・御物城江御問合到来候付、加籠『かき』夫并荷持夫差出候様被取計度、那覇筆者方江書付を以申出到来候付、○「色衣着ニ而」彼表江御迎とメ差越候中途、浦添番所ニ而逢上御祝儀申上、無間も那覇之様御出立付、御跡ゟ罷通、入相時分御宿被成御着候。平良・大名前之矴ニ而御側「鎖」之側御口上書を以御迎、平良市ニ而摂政・三司官衆御迎、里主・大和横目・御兵具当者平良・大名○「ニ而御迎、」別当者御馬を率し浦添番所ニ而御迎有之候。（以下省略）

内容自体は議論を進める上で重要でないため、大意だけ述べておく。島津帯刀の乗船が今帰仁間切（なきじんまぎり）で座礁し、陸路にて那覇に登ってくることの報告が表御方（首里王府評定所）よりあり、色衣着の装束で御迎えに出た途中、浦添番所にて合流した。まもなく島津帯刀は出立、自分はその後ろから従い、夕暮れ時に宿に着いた。平良（たいら）（現首里の地名）と大名（おおな）（現浦添の地名）の橋で御鎖之側（うざすのそば）が、平良の市で摂政・三司官が出迎え、那覇里主以下は平良と大名で出迎えた。御仮屋別当は馬を準備して浦添番所で出迎えた。

訂正は黒墨と朱墨の両様でなされているが、それぞれ以下のとおりとなる。朱墨での訂正は一カ所、「加籠夫」を「加籠かき夫」へと訂正した点。黒墨での訂正は三カ所、島津帯刀を迎えに行く際の装束として「色衣着ニ而」を挿入したこと。「御側之側」を「御鎖之側」に訂正したこと。主語である里主・大和横目以下が何をしたのか、その述語がなかったため「ニ而御迎」を挿入したこと、以上である。

黒墨訂正一カ所目はこの日記が公日記であることを踏まえれば、重要な情報といえる。新着の薩摩役人を迎える際の礼式の問題にあたるためである。むしろなくてはならない情報と言ってもよい。黒墨訂正二カ所目は書き損じである。「御側之側」なる役職はない。「御鎖之側（うざすのそば）」である。黒墨訂正三カ所目は述語がないと文意が通じなくなってしまう。文章を書く際、人は頭の中でまず文章構成をしてから文字を書き始める。頭の中を無の境地にしては、文章は書けないのである。そして、頭の中で文章を構成する際、細部の修飾語はともかく、主語と述語のない文章など思いも付かないわけだから、「ニ而御迎」は書写時の写し忘れと考えられる。これは、この日記を下書きの日記ではないとする、料紙を根拠とした本書の想定と合致する。おそらく、以上の訂正は、後からの検読の際に気づいたというよりも、書写直後に気づいたために、そのまま黒墨で訂正されたのであろう。そしてこれらの黒墨での訂正は、いずれも大切な訂正といってよい。提出用の日記に訂正を加えれば、後から見る者にとっては読みづらくなる。それでも訂正しておく必要があったわけである。換言すれば、この黒墨訂正の段階では、この日記はまだ提出用の日記であったと考えられる。日記一冊を一字一句間違わないで清書できる人間などまずいない。清書本であっても訂正は仕方ないのである。

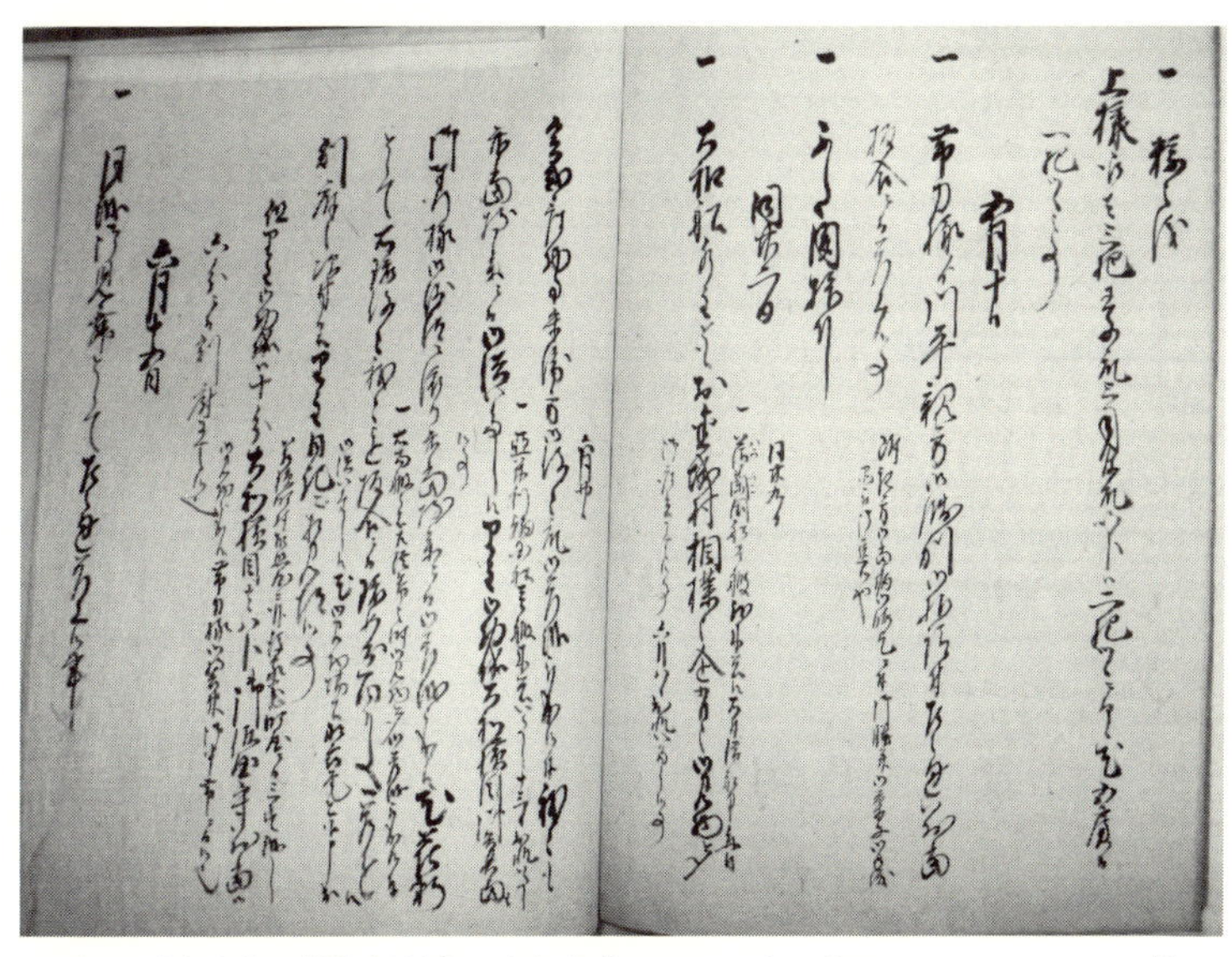

写真19　『島津帯刀様御仮屋守日記』咸豊９（1859）年５月10日・22日・29日・６月４日・６月15日条

しかし朱墨訂正「加籠夫」を「加籠かき夫」へと変更した点は大切な訂正といえようか。誰が考えてもどちらも駕籠をかつぐ人夫であろう。それをわざわざ目立つように、朱墨まで使用して、清書本に訂正する必要などあったのだろうか。これはすなわち、黒墨訂正時には提出用の日記であったものが、朱墨訂正前に提出は諦められ、この後新たに作成する提出用日記のための最後の検読用へと、日記の役割が変化したことを意味しよう。朱墨訂正はその再検読時の訂正と推敲によるものと考えられる。

それでは、日記の記主唯延は、何故この日記の提出を諦めたのであろうか。注目されるのは、咸豊九（一八五九）年五月二十九日条と六月四日条である。この二日分の記事は上に写真19として提示した。この二日分の記事全体は、その前の記事、五月二十二日条の行間にびっしりと補書されており、この行間補書を除けば、五月二十二日条の次の記事は六月十五日条となっている。おそらく、行間に補書された五月二十九日条と六月四日条全体は、底本たる下書き用の日記では見開きの二頁分に記されており、その見開き内で記事が完結していたのであろう。記主であり清書者である唯延は、清書の際、うっかりして底本の下書き日記の紙を一枚多くめくってしまった。めくった後、最初の文字が、記事の途中から始まっていれば、余分にめくったことに気づけたであろう。しかし、唯延にとって不幸なことに、次のページは六月十五条の冒頭から始まっていたため、自身のミスに気づかなかった。その結果、見開き二頁分の清書をまるまる飛ばしてしまい、そのまま六月十五日条を写してしまったと思われる。それに気づいたため、唯延は清書し忘れた記事を、直前の五月二十二日条の行間に補書した。見開き二ページ分の大量の行間補書のため、日記は見づらくなってしまったと考えられる。

『島津帯刀様御仮屋守日記』では、この日以降の記事も、それ以前と変わらず、丁寧な文字で書かれている。見開き二ページの清書忘れを行間補書でカバーした直後に、この日記は役所への提出を諦められたわけではなさそうである。おそらく全ての清書が終わった後、全体を再度見直した結果、見た目の悪さ故、提出を諦めたのであろう。

もっとも新しい清書本を作成しなおすことは、唯延にとって支払うべき時間と労力にふさわしい対価もあったと思われる。唯延の父唯紀は職務とは関係なく、自身の問題意識に基づいて私日記『福地家日記』を書き始めた人物である。そして唯延はその父の日記を引き継いで執筆し続けた人物である。前述したことではあるが、福地家に日記が史料群として伝来してきたのは単なる偶然ではない。唯紀・唯延と二代に亘って、日記を残すことを意図したからこそ残ったのである。ここで、新しい清書本を作成し直したなら、提出を諦めた旧い清書本は自身の手許に残ることになる。低質な料紙（親見世行政文書の反故紙か、良くても芭蕉紙）に、乱雑な文字で書かれた下書き用日記よりは、この旧い清書本の方が、自家保存用としても良本であったことは間違いない。自家保存用の日記をこの旧い清書本にしたなら、下書き日記は自家用としても不要になってしまう。だから『島津帯刀様御仮屋守日記』の下書き日記は福地家に残っていないものと考えられる。

現存する福地家所蔵の『島津帯刀様御仮屋守日記』は、いわゆる中清書本である。そして提出が諦められたこの中清書本は、再度の検読と推敲のために利用され、その際には訂正箇所が目立つように朱墨での訂正がなされた。そして新たな清書本を作成し終えた後には、そちらが親見世提出本となり、中清書本の方は福地家の残ったのだと考えられる。

8　御仮屋守高里親雲上唯延日記

次に『那覇市史』目次第二章6『御仮屋守日記』について検討する。

料紙は楮紙で紙背文書はない。よって料紙は日記をしたためるために準備されたものとなる。装丁は袋とじで、法量は縦二七、七センチ×横二〇、九センチとなっている。

日記の表紙には①「咸豊九年己未十二月朔日より」、②「御仮屋守日記」、③「高里親雲上」が記されている。①は起筆日、②は表題、③は記主である。③の記主、高里親雲上は前に見た『島津帯刀様御仮屋守日記』と同様、唯延である。『島津帯刀様御仮屋守日記』の起筆、咸豊八（一八五八）年二月十三日の段階で彼は、高里筑登之親雲上であったが、この日記の起筆段階では親雲上の位に昇進していたための変化である。

②の表題「御仮屋守日記」では、前に見た『島津帯刀様御仮屋守日記』に比較して、誰に仕えていたのかがわからないのだが、『島津帯刀様御仮屋守日記』の方が異例であり、守衛方島津帯刀が臨時派遣であったため、その名前が表題に記されたものと思われる。単に御仮屋守とのみ称した場合は在番奉行の御仮屋守を意味し、ここでは市来次十郎にあたる。但し、在番奉行自体は歴代多数おり、またそれぞれの在番奉行の御仮屋守も前述したように、交代がありえる。したがって、表題のままでは、他の『御仮屋守日記』との識別ができなくなるため、本書では『御仮屋守高里親雲上唯延日記』と呼ぶことにする。

全体として、前に見た『島津帯刀様御仮屋守日記』と同様、訂正が少なく、文字は丁寧に書かれ、読みやすい日記である。料紙が紙背文書なしの楮紙であることも踏まえると、一見しただけで、清書用に作成された日記とわかる。朱墨での訂正はなく、訂正は全て黒墨にてなされている。それでは何故に、本来は清書用だったこの日記が、福地家に残ったのかを検討してゆきたい。

『御仮屋守高里親雲上唯延日記』咸豊十（一八六〇）年八月十三日条には、翌々日の十五日、月見のため在番奉行を接待する予定となっていたが、在番奉行の病気により後日に延期となったことが記される。その後、その代わりとしての接待は、九月九日の重陽の節句にあわせて垣花（かきはな）（現那覇の地名）の上原筑登之（ちくどぅん）宅にて行われた。当該記事を次に提示する。

九月九日

（二ヵ条省略）

「本文、書役御用達役人も御召列被成候。尤宿ハ那覇筆者方江申出手当いたさせ候也。」
一、八月十五日夜之代として左之通持参、垣花上原筑登之宅ニ而御盃頂戴、緩々御噺、夜四ツ時分罷帰候事。

附、茶具其外灯物等者御仮屋ゟ御差出被成候。尤日柄ハ二・三日前、役人取次御伺申上候。所柄者御奉行様御模様拝上、「我々ゟ伺上」○本文通取計いたし候也。

口語訳は次のとおり。

一、八月十五日の夜（の月見）の代わりとして、左の通り（料理などを）持参して、垣花の上原筑登之宅で御盃を頂戴（接待）し、ゆっくり話しをして、夜十時頃お帰りになられた。付けたり。茶道具その他灯物などは薩摩在番奉行所より出して頂いた。日柄については二・三日前に役人の取り次ぎで御奉行様（市来次十郎）にうかがった。場所については御奉行様の様子を察して、我々からうかがいをたてて、本文の通り（上原筑登之宅）になった。（冒頭行間）本文について、書役（かきやく）や御用達（ごようたし）などもお連れになられた。宿は那覇筆者に手配させた。

この直後、日記のページが変わる。その次のページ冒頭から九月十一日条全体までの写真を写真20に

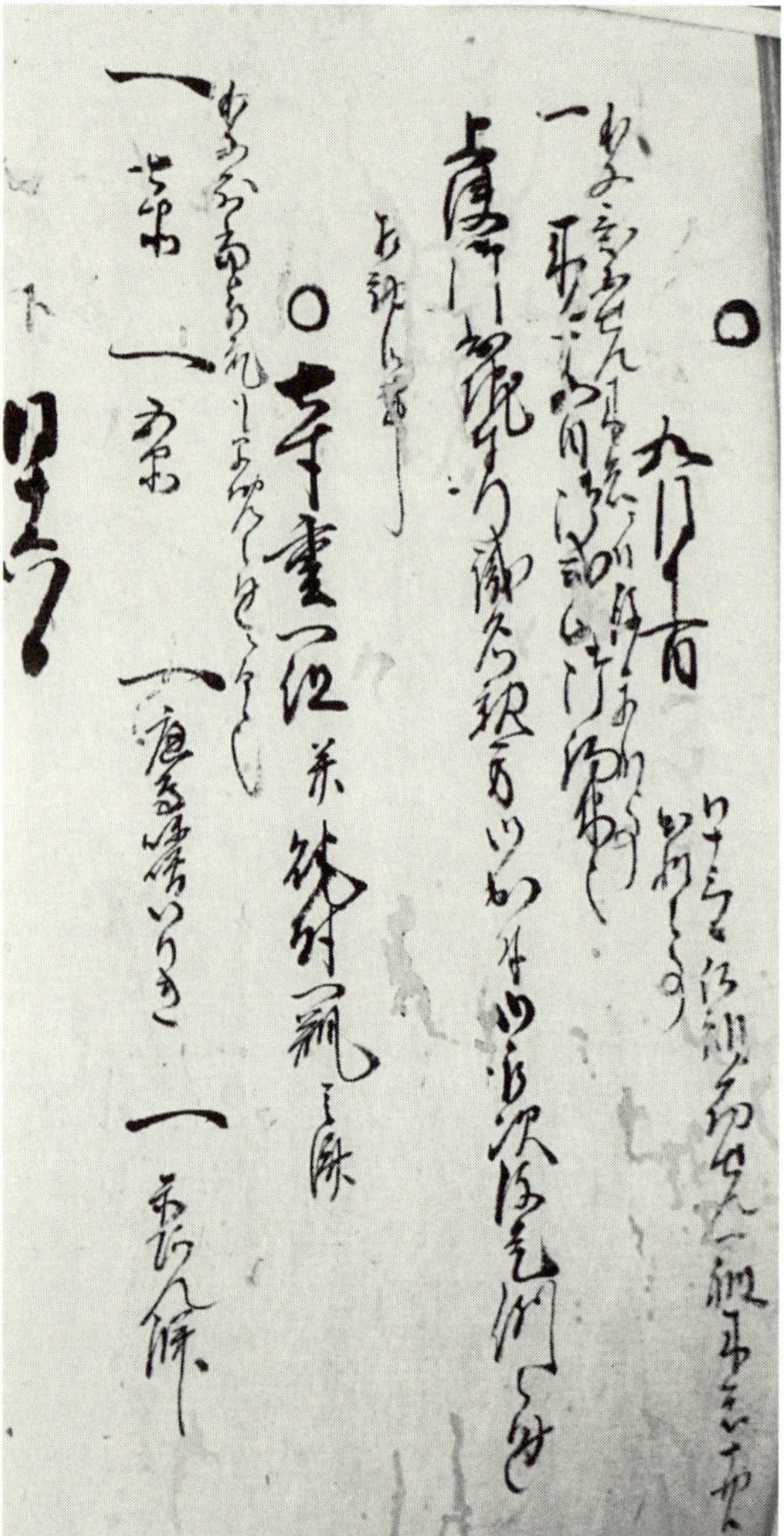

写真20　『御仮屋守高里親雲上唯延日記』咸豊10（1860）年９月９日条（一部）・11日条

提示した上で、これを翻刻したものを次に掲げる。

○

九月十一日　「同十三日仏朗西せん一艘来着、十四日出帆候事」

「本文、異国せん来着ニ付、後日相成候事。」

一、来ル十五日御式正御約束之

上使御書院奉行識名親方御出付、御取次彼是例之通相勤候事。
○七付重一組并焼酎一瓶壱沸
「本文、別当若衆も早晩之通ニ而候也」
一七品　一五品　一庭鳥味噌いりき　一赤あん餅

冒頭は「九月十一日」と日付が変わっている。となれば、九月九日条記事中の「左の通り（料理などを）持参して」の「左」、すなわち料理品目についての記事がないことになってしまう。この矛盾を解決するための記号が、「九月十一日」の直前に記された○印で、これは挿入符である。十一日の記事の後にある○印以下の文章をここに挿入せよ、との意味になる。具体的な挿入対象の記事は「七付重一組并焼酎一瓶壱沸」から始まり、「一七品　一五品　一庭鳥味噌いりき　一赤あん餅」までである。料理は四膳に分けて出され、一膳目は七品が、二膳目は五品が、というふうに解釈するものと思われる。多くの場合は品数ではなく「板付かまふこ」（板付きかまぼこ）、「さ、い」（さざえ）、「紅貝」など（『御物城高里親雲上唯紀日記』咸豊二年八月三日条）、具体的な品目が、横一列に記されるのだが、ここでは品数だけを記している。『那覇市史』では「七付重一組并焼酎一瓶壱沸」のみを九月九日条に挿入し、配膳内容は九月十一日条として翻刻しているが、正しくは、その後の配膳内容までが九日条であり、持参した「左の通り」（九日条）の料理である。

直前の本文で「左の通り」と書いておきながら、その「左の通り」の具体的内容を書き忘れ、二日後の九月十一日条を書き終えた後で、書き忘れに気づき挿入符を使用して補書するような人はまずいないであろう。つまり、この九日条に挿入されるべき記事は、清書時の写し忘れである。

提示した写真を見てもわかるように、料理品目の配膳内容を示す記事は空白部分が多く、かつ、一膳を示す「一」が他の文字と比較して大きいため、とてもよく目立つ。したがって、底本たる下書き日記の見開きのページ中に右の挿入記事があった場合、それを見落としたとは考えにくい。他方、右の挿入記事の直前を見ると、九月九日条付文（付けたり記事）はその最末、「我々からうかがいをたてて、本文の通り（上原筑登之宅）になった」で文章が完結している。底本となっていた下書きの日記も、この日記（清書本）と同様に、「我々からうかがいをたてて、本文の通り（上原筑登之宅）になった」で、見開き内の記事が全て終わり、配膳内容記事は次のページに記されていたのであろう。そして、文章が完結する付文を写し終えた段階で、まだ配膳内容記事が残っていたにも拘わらず、清書者唯延は九日の記事を全て写し終えたと勘違いしてしまった。その後、ページをめくる際に一枚多くめくるミスをしたが、新しい見開きは、新しい日付、「九月十一日」となっていたため、自身のミスに気づかなかったものと考えられる。

その他、咸豊十一（一八六一）年正月一日条では、薩摩役人への上使派遣記事の付文「附、上使御出之時ハ御附役御一人・御案内之里主、御亭主前被御勤候也」は写し忘れられ、次の条文（同日条の最後の条文）「今日ゟ明日迄之御宮仕用として童子・若筆者三人ツヽ、去朧廿九日親見世江雇、書付差遣置候事」の後に書写された上で、挿入符をもって正しい位置に訂正されており、また同二日条「昨日　上使之御例ハ今日被御遣候也」も写し忘れ、行間に補書されるなど、全体として『御仮屋守高里親雲上唯延日記』は前に見た『島津帯刀様御仮屋守日記』以上に清書時の写し忘れが多い。それ故に、清書本としての機能が諦められ、役所への提出がなされなかったものと考えられる。

以上見てきたことから、この日記が、清書前の下書き本ではないことが首肯されうるものと考える。しかしながら、福地家日記史料群の多くはこれまで、役所の日記を唯紀・唯延の二代にわたって書写したものと考えられてきた。そこで極めて想定しにくい可能性ではあるが、例えば福地家が所蔵する『御仮屋守高里親雲上唯延日記』は、家としての先例集積のために、役所提出用日記とは別本を唯延自身が清書した、つまり清書本は役所用と家用の二冊が存在したとする可能性についても、一応ここで検討しておこう。

そもそも清書本を提出しても下書き本は残るわけであるから、清書本を二冊作成する可能性は極めて低いことを前提とした検討であることを踏まえておかなければならない。その上で、咸豊十一（一八六二）年六月二十九日条を見てゆきたい。同日条は次のページに写真21として提示しており、これを翻刻すると次のようになる。

同廿九日

一、儀間按司・森山親雲上・森山里之子・久手堅里之子御四人右同として、鉄砲馬場江御出張、御戻掛垣花又吉ニおひて御緩々御咄、夜九ツ時分御帰被成候。御手渡品等御銘々ゟ有之候。尤品員数ハ大体左之通ニ而、御奉行様ゟも御持参とメ昆布七斤・諸白八盃被御遣候。御誘ひ被成候

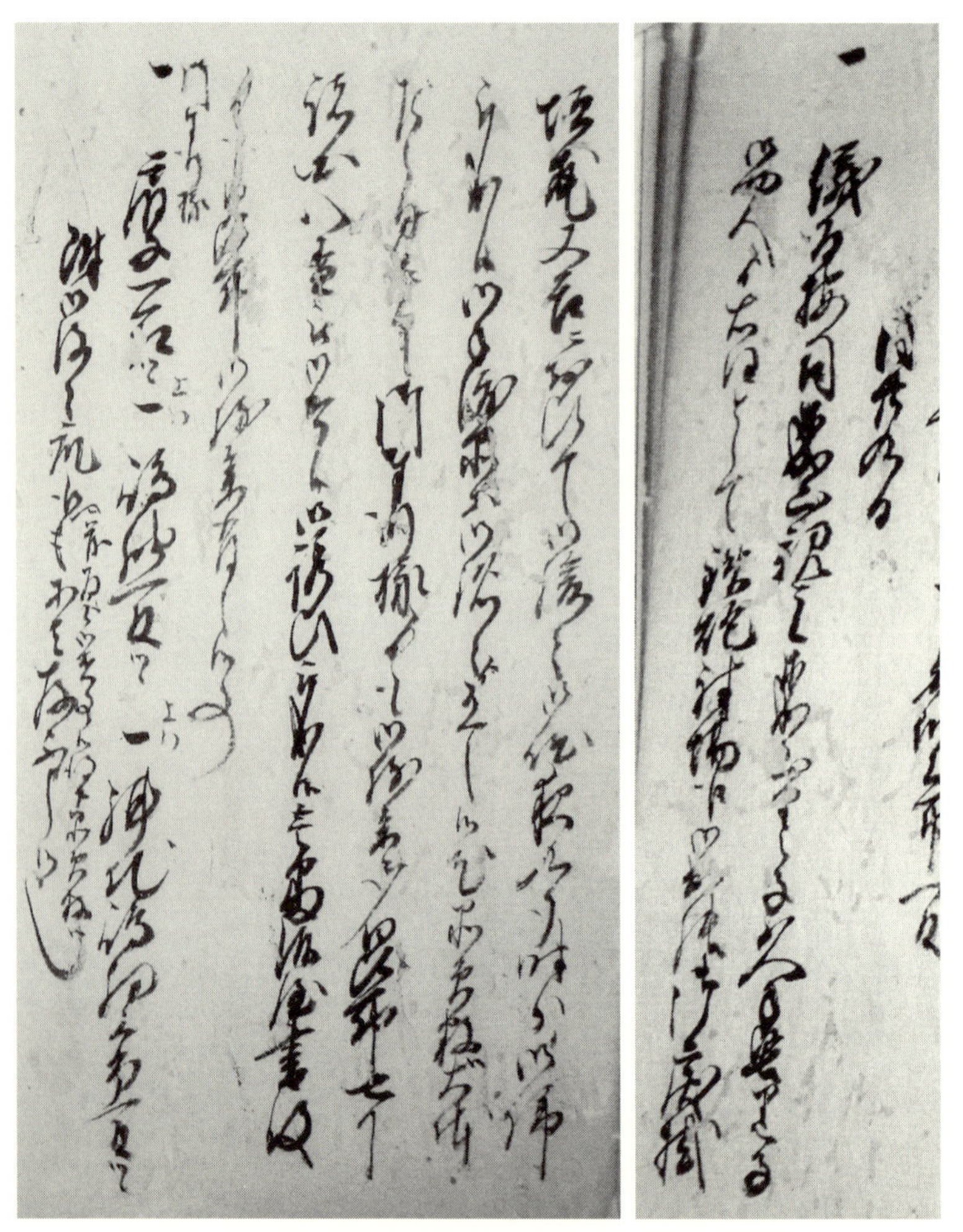

写真21　『御仮屋守高里親雲上唯延日記』咸豊12（1862）年6月29日条

壱番狩屋書役ゟも昆布御持参有之候事。

御奉行様
一、扇子一箱ツ、　上同 一、島紬一反ツ、　上同 一、紺地島細上布一反ツ、

附、御役々衆江「○茂為被御遣事候得共、品員数ハ」之品者存不申存候也。

内容は薩摩在番奉行一行を鉄砲馬場にて接待している様子が記されており、その際、儀間按司以下琉球役人四人からの在番奉行への引き出物として扇子一箱、島紬一反、紺地島細上布一反が献上された。以上の本文に続いて付文が記されているのだが、そこにはもともと「附、御役々衆江之品者存不申存候也」との文章が記されていた。解釈すると、（在番奉行以外の薩摩）役人への（引き出物の）品は知らない、の意味である。しかしその後、訂正がなされ、上記文章中の「御役々衆江之」の「之」が黒墨で抹消され、当該カ所に同じく黒墨にて、行間補書で「茂為御遣事候得共、品員数ハ」が補われている。つまり付文全体は「附、御役々衆江茂為御遣事候得共、品員数ハ品(衍)者(衍)存不申存候也」へ変更され、意味は（在番奉行以外の薩摩）役人へも（引き出物が）渡されたが、品や数などは知らない、となる。訂正前の「役人への（引き出物の）品は知らない」であれば、他の役人への引き出物があったかなかったのか、必ずしも明確でなかったものが、訂正後「役人へも引き出物が渡されたが、品や数などは知らない」とすることで、他の役人達への引き出物があったことを明確にしたわけである。このような訂正は書写誤りではなく、文章を推敲した結果である。この日記を役所に提出することを諦めた後、再度の検証と推敲に利用されたために生じた結果と考えて誤りあるまい。この日記もまた前に見た『島津帯刀様御仮屋守日記』と同じく中清書本である。記主そして清書者唯延は『島津帯刀様御仮屋守日記』とは異なり、今回

は朱墨ではなく黒墨で訂正をしたわけである。

以上見てきたように、福地家所蔵『御仮屋守高里親雲上唯延日記』は下書き本でも清書本でもない、中清書本である。そもそもは清書本としての機能が期待されて書写されたものではあるが、不出来故に役所への提出が諦められた。そして最後の検読用としての機能を果たし、新しい清書本が作成された後、下書き本は廃棄となり、この中清書本が自家保存用とされたものと考えられる。

9　大和横目日記例外寄

次に『那覇市史』目次第二章7『大和横目日記例外寄』を見てゆこう。

料紙は楮紙で紙背文書はない。よって料紙は日記をしたためるために準備されたものとなる。装丁は袋とじで、法量は縦二六、七センチ×横二〇、二センチとなっている。

表紙には①「同治三年甲子三月吉日」、②「大和横目日記例外寄」、③「高里親雲上」が記されている。①は書写年月日、②は表題、③は書写人物を表す。同治三年は西暦で一八六四年。高里親雲上は前の『御仮屋守高里親雲上唯延日記』でも見たように、唯延となる。

内容の冒頭には「七拾七番道光三拾年 咸豊元年戌二月より同八月迄」が記される。一般的な解釈をすれば、七十七番日記の内容は、道光三十（一八五〇）年、同年に改元があり咸豊元年となった、戌年の二月から八月までの記事、ということになろうが、道光三十年の翌年が咸豊改元の年にあたる、また道光三十年は戌年だが、咸豊元年は亥年である。おそらく、咸豊元年は誤りなのであろう。その後は「八十壱番　咸豊弐年子八月ゟ丑三月迄　附、七拾八番より八十はん迄之日記ハ落さつニ而候」とある。七十八番から八十番までの日記は失われてしまったため、七十七番の直後に八十一番が続いているわけである。このことからもうかがえるように、『大和横目日記例外寄』は唯延の日記ではなく、唯延が書写したものということになる。

この日記の最後は「九拾六番」で終わるが、その下には執筆期間が記されていない。その前の「九拾五番」「九拾四番」の下も同じである。執筆期間が最後に記されるのは「九拾弐番　咸豊十年申六月ゟ酉三月迄」。日記一番についての執筆期間は一定していないものの、おおよそ一年弱である。九十二番日記の執筆期間、咸豊十一（酉）年三月は一八六一年であり、『大和横目日記例外寄』が作成される三年前となるから、「九拾四番」から「九拾六番」までの日記の執筆期間がこの三年間にあたると見て誤りなかろう。すなわち、本書は道光三十（一八五〇）年から同治三（一八六四）年まで約十五年間の、親見世が管理する大和横目日記清書本を書写したものということになる。といっても十五年分の日記を全文写したわけではなく、目録といった方がより正しい。例えば前に、咸豊元年は誤りで、道光三十年記であろう旨述べた戌年二月から八月までの七十七番日記には、道光三十年二月二十五日に崩御した道光帝について「道光皇帝様崩御之段、御出来之事」がある。詳細な関連情報はない。日本古代・中世史が専門の方には『小右記目録』を想像していただければ雰囲気が最も伝わりやすいであろう。但し、日記一番ごとの条文数は極めて少なく、例えば道光三十年二月から八月までの七ヶ月間について記した七十七番日記では、僅か十四ヵ条に過ぎない。すなわち、七十七番日記全条文の目録を作成したわけではなく、一部を抄出したものということになる。

それではどのような記事が抄出されているのかとなれば、表題の「例外寄」が参考になろう。通常の場合とは異なる「例外」の記事を「寄せ」集めたものと解釈でき、実際に抄出されている記事は在番奉行嫡子の初任官記事、同嫡孫死亡記事、或いは前述した道光皇帝崩御記事（いずれも七十七番日記）などで、特に多数を占めるのがこの時期の国家的懸案事項たる異国船来航関係記事となっている。

それでは何故に唯延はこれを書写したかといえば、表紙にある書写日時「同治三年甲子三月吉日」が参考になる。『譜代貝姓家譜正統』によれば唯延はこの三月に大和横目に就任している。すなわち、この時期、唯延にとっては大和横目職務遂行のための先例が必要になったわけである。しかし、先例調査の際、役所に残される膨大な大和横目日記清書本から必要な箇所を一々捜索するのは大変である。そこで、過去十五年ほどの先例を簡単に検索できるようにこの目録を作成したと考えられる。前述したように、記事の冒頭は七十七番日記から始まっていた。これ以前、一番から七十六番までの大和横目日記清書本も親見世に残っていたはずであるが、とりあえず直近十五年分としたのであろう。また表紙には「高里親雲上」との唯延の呼称が記されていた。このことは、この日記目録が唯延個人用の手控えであったことを示している。

これらの点をもっと突きつめて考えてゆくと、最も気になるのは親見世における日記検索体制の整備問題である。大和横目在任期間中のみ使用する手控えを、紙背文書なしの楮紙に書写していることから、前述したように、料紙はこの日記目録を作成するために準備されたことになる。親見世の方で目録を作成し、それを貸し出すシステムを構築しておけば、料紙の節約にも、書写する時間と労力の節約にもなるのであろうが、直近期間は次第に変化してゆくから、それはできないのであろう。そのため、新任役人自身が自分個人用の手控えを作成するシステムなのであろう。個人用の手控えとして作成されているから、唯延の役務終了後には福地家に残されたと考えられる。

10 御仮屋別当例抜

ここで前に飛ばした、目次第二章3『御仮屋別当例抜』を検討してゆきたい。

料紙は芭蕉紙、紙背文書はない。装丁は袋とじ、法量は縦二四、二センチ×横一七、五センチとなる。表紙には「御仮屋別当例抜」と、「金城筑登之」が記される。金城筑登之もまた唯延であり、福地家日記史料群の中で、彼が関与した最も早い時期の日記である。これまで唯延は高里筑登之親雲上ないし高里親雲上など、「高里」として登場してきたが、唯紀を当主とする貝姓正統の家名が高里に変化した理由は、父唯紀が久志間切辺野古村地頭職に就任したためである。同家はそれ以前には仲本であり、さらにその前には金城であった。その金城を名乗っていた時期のものとなる。

前に『大和横目日記例外寄』作成の理由を、唯延の大和横目就任に伴い、職務の先例が必要になったためとした。となればこの日記も同様のはずであり、唯延が薩摩役人の御仮屋別当に就任した際の書写となるはずである。そこで『譜代貝姓家譜正統』にて確認すると、彼は三度御仮屋別当に就任している。一度目は道光二十六（一八四六）年十二月一日御使者新納四郎右衛門、二度目は咸豊二（一八五二）年九月八日御使者川上式部、三度目は咸豊三（一八五三）年十二月一日在番奉行谷川次郎兵衛の、それぞれ御仮屋別当を歴任している。

唯延の父、唯紀の家名が金城から仲本に変わったのは、咸豊二年二月一日、唯紀の御物城就任に伴い南風原間切仲本の名島を賜った時であり、例えば『御物城高里親雲上唯紀日記』同年二月十三日条に書写される子二月付「覚」の差出書「御物城仲本親雲上名代　仲本筑登之」は唯延である。父唯紀の名代を息子唯延が勤めているわけである。すなわちこの日記はそれよりも前の書写ということになり、該当するのは一度目の新納四郎御仮屋別当就任時のみである。表紙には書写年月日が記されていないものの、彼が初度の御仮屋別当に就任した際、道光二十六年十二月に書写したものと考えて誤りなかろう。

同じく職務上の必要に迫られて書写したものであるにも拘わらず、『大和横目日記例外寄』の料紙が楮紙であったのに対し、『御仮屋別当例抜』がより低質な芭蕉紙である理由は、大和横目と御仮屋別当の地位の上下によるのであろうか。

『大和横目日記例外寄』の「例外寄」が、前に見たように、通常の場合とは異なる例外記事を寄せ集めたものと解釈できるとなると、『御仮屋別当例抜』の「例抜」は、通常の場合における記事を抜き出したもの、ということになろう。そこで、次に記載内容を見てゆきたい。

まず『大和横目日記例外寄』が大和横目日記の目録であったことを踏まえると、この日記の内容は様子が異なっている。短い文章で内容が端的にまとめられているわけではない。例えば「別当次渡馬具左之通」の後には「紺房壱掛」「形付手縄壱筋」など具体的な次渡（引き継ぎ）馬具が一つひとつ書き連ねられている。目録ではないということである。

また、当初こそ『大和横目日記例外寄』同様日付の立項がないものの、四月二十三日条より後は普通の日次記同様、「四月廿三日」「同廿七日」など、日付が立項されている。さらにその中で、例えば五月二十四日条では「今日御奉行様遊舟を遊候付、御仮屋守・私も御供仕候様被仰聞候付、左之通弁当持参ニ而御供仕候事」とある。解釈すると、今日薩摩在番奉行が船遊びをすることについて、御仮屋守と私が御伴するよう仰せつけられ、左記のとおりの弁当を持参して御伴した、となる。「私」は当然記主であり、この日記が『御仮屋別当例抜』であることを踏まえると、記主は御仮屋別当となる。

つまり、本書は目録ではなく、単純に先任の御仮屋別当なにがしかの日記から異例記事等を取り除き、通例で行われた在番奉行関連行事の手順や内容・料理などの記事を抜粋した抄出本ということになる。一種の部類記といっても良いであろう。しかし日本における通常の部類記は、複数の日記から特定行事の記事を抄出する場合が多いものの、ここでは複数ではなく一冊の日記から通常事例で行われたものを、行事に関係なく抄出しているわけである。『大和横目日記例外寄』の場合、例外記事の寄せ集めであったため、一定度（約十五年間）長く期間を取って情報収集する必要があった。しかし『御仮屋別当例抜』の場合、通常事例を抜き出すものであるため、先任御仮屋別当の日記一冊分の抄出で十分先例調査が可能だったと考えられる。

それでは誰の日記を抜粋したものかといえば、『那覇市史』第二章「解説」でも触れているとおり、漢那筑登之(かんなちくどぅん)の日記となる。『御仮屋別当例抜』（日付の立項なし）四月条には次の文書が書写されている。

「本文、勤中毎年之有候也」
覚

下　砂糖五拾斤

右、所望可被下候。以上。

四月　　　別当 漢那筑登之

当月九日に着任した新納四郎右衛門のため、砂糖五十斤を申請している内容であり、ここで登場する御仮屋別当の漢那筑登之がこの日記の記主にあたる。

11　御物城高里親雲上唯延日記

次に『那覇市史』目次第二章8と9の『日記』を見てゆこう。前に本書二一ページで述べたように、那覇市歴史博物館編『家譜でひも解く士族の世界』にて、「高里親雲上唯延が、御物城に就いた際の業務日誌の写本」と紹介されていた日記である。

『那覇市史』の目次で、第二章8『日記（上）』と、第二章9『日記（下）』がこれに該当する。まず第二章8『日記（上）』は二冊に分冊され、ともに袋とじ装である。法量は一冊目が縦二四、九センチ×横一七、九センチ、二冊目が縦二五、九センチ×横一六、八センチ、料紙はともに芭蕉紙で紙背文書はない。第二章9『日記（下）』の方は、縦二四、八センチ×一六、六センチ、料紙は芭蕉紙、紙背文書はない。よって、全ての料紙は日記をしたためるために準備されたもので、全体として書き直しや補書が多くある。文字はひどく汚く、唯延が清書用に書写した『御仮屋守高里親雲上唯延日記』とは比べる術もない。これを翻刻した『那覇市史』の労力には頭が下がる思いすら抱く。一見しただけで『御物城高里親雲上唯紀日記』同様、下書き日記とわかる。

第二章8『日記』の一冊目の表紙には①「同治拾壱年壬申二月朔日より」「同十二月迄」②「日記上下」③「高里親雲上」が記され、二冊目には何も記されていない。①は執筆期間、②は表題、③は記主である。②表題には「上下」とあるが、後述するように、この後に続く第二章9の『日記（下）』の表題に「日記　下」とあるため、おそらく「上下」は誤りで、正しくは「上」のみなのであろう。また、そのように考えたために、『那覇市史』目次でも『日記（上下）』とはせずに、『日記（上）』としたものと思われる。但し、『日記（上）』『日記（下）』では他の日記と識別できないため、本書では『御物城高里親雲上唯延日記』と呼ぶことにする。

それでは次に内容の面から、この日記が下書き日記であることを確認してゆきたい。まずは唯延が御物城に就任した同治十一（一八七二）年二月一日条の一部であり、次のページにて写真22として提示している。

一、先役ゟ日記五拾七冊、○『諸野菜□雑物手形入□□□入帳面帳壱冊』○『御仮屋方御相待向并御招請之節々御膳部書弐冊』給人帳壱冊、○野菜肴代付帳壱冊、○次渡請取候事。
外、我那覇親雲上下巻日記壱冊請〔清〕書不相調由ニ而、次渡無之候。

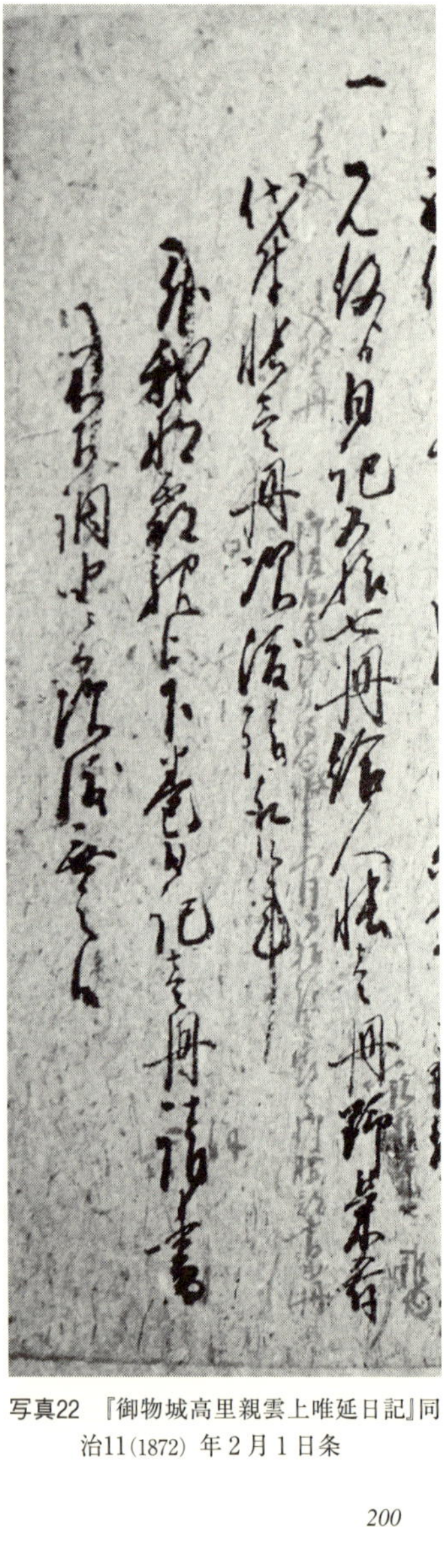

この下書き日記を書いた段階では「御仮屋御方御相待向并御招請之節々御膳部書弐冊」、すなわち薩摩在番奉行接待時の料理品目帳などの次渡（引き継ぎ）はなく、それらは後から引き渡されたために行間に朱墨にて補書されたものと考えられる。

また、我那覇（がなは）親雲上（ぺーちん）の下巻日記については、本書二五ページ「後日改変された下書き日記」中でも触れた。唯延の御物城（おものぐすく）就任より遡ること二十年、咸豊二（一八五二）年二月一日、父唯紀の御物城就任に際しても、この時と同じく「清書が調っていない」という理由で引き継ぎされなかった問題の日記である。再度繰り返すが、唯紀の前任御物城は我那覇親雲上ではなく、仲宗根（なかそね）親雲上であったにも拘わらずである。そして、その際に「清書が調っていない」というのは表向きの理由で、実は紛失と思われるこ

写真22　『御物城高里親雲上唯延日記』同治11(1872) 年２月１日条

とも述べた。二十年の時を経て、「清書が調っていない」などの理由がまかり通っている事実に驚きを禁じ得ないが、それはともかく、この部分は引用史料左傍に「・」を付しているように、黒墨により抹消されている（本書一三ページ凡例参照）。しかし、黒墨による抹消であるからといって、同治十一（一八七二）年二月一日の当日、日記を書いた直後に抹消されたわけではない。当該部分の中で、「請書」の「請」を、朱墨にて「清」へと訂正し、「清書」に改めている。「請」は書き誤りであって、これを朱墨で訂正しているわけだから、後日検読の際の改変ということになる。すなわち後日検読の際には、この抹消記事はまだ生きていたわけである。その後に、改めて記事全体を抹消したことになる。なぜ抹消したのかを考えてみると、二つの可能性が想定できよう。一つは、二十年以上にわたって清書されていなかった（或いは紛失していた）我那覇親雲上の下巻日記が、唯延在任中に清書されて（或いは見つかって）引き継ぎされた、との可能性である。しかしその可能性はあまりに低い。ほとんどあり得ないと言い切って問題なかろう。そして、もう一つの可能性は、我那覇日記が存在しないことはもはや周知の事実となっていたため、改めて記録しておくほどのことではないと、後日思い直したため、との理由が考えられる。仮に、そのどちらであったとしても、この改変は書写ミスによるものとは考えられない。日記は親見世のものを書写したものではなく、唯延自筆の下書きということになる。

もう一点、この日記の性格を知る上で興味深い条文がある。同治十一（一八七二）年二月四日・五日条を連続して見てみよう。

同四日

一、御奉行様ゟ役為祝儀、小姓御使御口書上を以、扇子一箱・白麻三十帖被成下候付、広間江致挨拶、茶菓子致馳走、翌日参上、名札を以御礼申上候事。

（付文省略）

同五日

一、亀川御殿○ゟ御与力御使を以、御酒代被成下候付、広間江挨拶、茶菓子致馳走、翌日参上御礼申上候事。

（○「内・川平殿内」　「御拝祝之品」　「儀」）

附

二月御拝之当日ニ而候ハ、、一献取肴壱ツ致馳走候先例候処、此節ハ御拝前ニ而、茶菓子迄差出候也。

（『本文通致馳走候也』）

まず五日条の本文から解釈しておくと、訂正前の元の文章では次のとおりとなる。

一、亀山（うどうん）御殿から与力（よりき）の使者をもって、酒代を下されたので、広間に通し挨拶して、茶菓子を（使者に）馳走した。翌日（六日）に（亀山御殿）に参上して御礼を申しあげた。

しかし、補書を見ると、この使者は、唯延の御物城就任祝いのために来たのであり、また使者は正しくは「亀山御殿」ではなく「亀山殿内」と「川平殿内」の双方から来たことがわかる。そこで、唯延は「亀山御殿」の「御」を消して「亀山殿」とした上で、行間に「内・川平殿内」を黒墨で補った。ここは誤りの訂正である。この訂正は後からの検読の結果の訂正ではなく、記事を執筆した直後であった。だから黒墨でなされていると考えられる。

また使者の目的を書き記すために、「御使を以」の「を以」を削除した上で、まずは「御拝祝之品」として酒代が下されたと訂正した。それをさらに「御拝祝儀之品」へと変更した。これらの訂正もまた黒墨でなされており、記事執筆直後と考えられる。しかしながら、記事全体を後日に検読したところ、これが自身の「御拝」に関することであるとの情報は、この直後に解釈を示すごとく、既に付文（付けたり記事）に入っている。すなわち、本文の行間補書と付文とで記載内容が重複してしまっている。そこで、今度は朱墨にて、一旦挿入した行間補書の方を削除したと考えることができる。

次に同日条の付文の解釈は、訂正前の文章では次のとおりとなる。

　付けたり。（本文の使者は）御拝当日であれば二献取肴を一つ馳走するのが先例であったが、今回は御拝前（御拝は十三日条にでてくる）であったため、茶菓子を出した。

この「茶菓子を出した」ことは、本文で「広間に通し挨拶して、茶菓子を（使者に）馳走した」と既に書いている。すなわち、ここも重複記載である。そのために付文の当該箇所を削除した上で、「本文のとおりとした」と改めたわけである。この部分は、前の「内・川平殿内」の補書とは異なり、朱墨にて訂正がなされているから、後の検読の際に気づいたということになる。

もう一点注目されるのは、当初は付文の位置に、「附」ではなく、「二月」の文字が書かれ、それが抹消されている点である。ここで、二月五日条を写真23で提示しておく（写真には次の二月六日条の行間補書先頭行までを入れた）。写真を見てもわかるように、二月五日条はページをまたいで、新しい見開きに入っている。見開き内で日にちが変わる場合、通常は「同○日」などとして、「同」を用いて月を表す

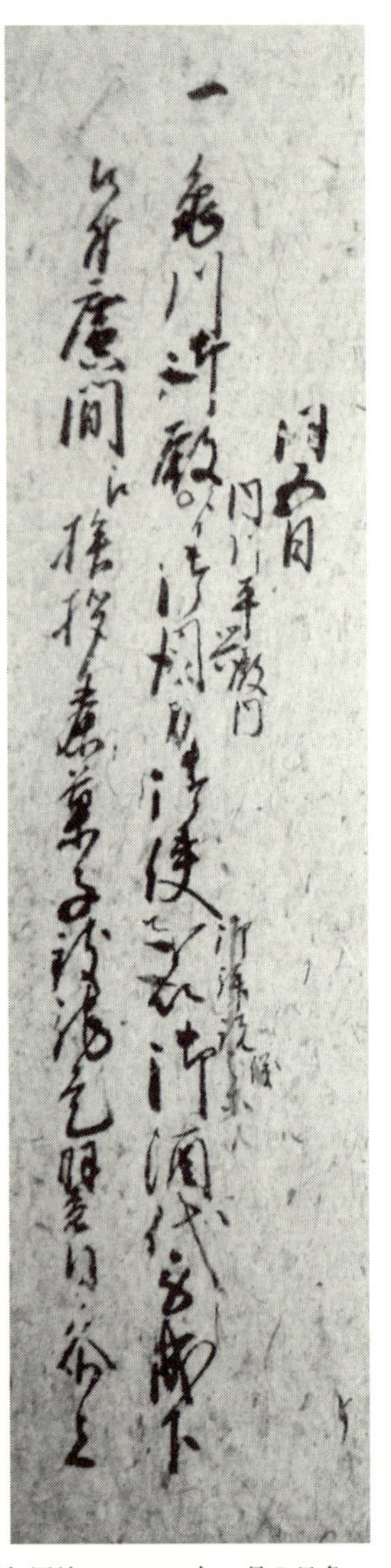

写真23　『御物城高里親雲上唯延日記』同治11（1872）年2月5日条

のだが、新しい見開きに入る際には「〇月〇日」と月の表記がなされる。後で検索する時わかりやすくするためであろう。したがって付文の場所に「二月」が最初書かれた理由は、当初ここには「二月六日」と書こうとしたためと考えられる。一見すると、これは二月五日条付文を書写し忘れて、二月六日条の書写に入ってしまったかのようにも見え、そうなれば、この日記は下書き日記ではなく、従来からの見解通り写本ということになってしまう。そこで、当初はここに「二月」と書いてしまった理由について考えてゆく必要がある。

二月五日条の付文をまだ書いていないのに、なぜ記主唯延は二月六日条を書き始めようとしたのか。この問題を考えるにあたり、注目すべきは二月五日条本文中の「翌日（六日）参上して、御礼を申し上げた」にある。翌日六日の出来事を五日条の日記に記すことができる理由は一つしかない。五日条は五日に書かれたのではなく、翌日六日以降に書かれたためである。唯延は五日条と六日条を同時に執筆しているわけである。だから五日条の付文を書き忘れて、六日条の執筆に移ろうとすることができたと考えられる。そのミスに「二月」の二文字を書いた段階で気づいた。そこで「二月」を抹消して、「附」に変更したのであろう。

以上のように考えると、二月四日条にも興味深い記述が出てくる。そこで、今度は四日条の本文を解釈してみよう。

一、薩摩在番奉行より（御物城就任の）祝儀として、小姓（こしょう）の御使いと口上書をもって、扇子一箱と白麻三十帖を下されたため、広間へ（招き入れ）挨拶して、茶菓子を馳走し、翌日（在番奉行のもとへ）参上し、名札を提示して御礼を申し上げた。

四日条にも翌日五日の出来事が記されている。五日の御奉行様への御礼の後に記述したとすれば、五日の夜に記したことになろう。そうであれば五日条も四日条にあわせて当日の夜に一緒に記述されるはずである。つまり唯延は少なくとも四日条・五日条・六日条をまとめて日記に記録していることになる。『御物城高里親雲上唯延日記』には、同治十一（一八七二）年二月五日条、「二月」の二文字抹消以外にも、一見書写ミスと思われる記事が複数見られるのであるが、これらは数日分をまとめて記載しているために生じた現象と考えられる。料紙、文字の乱雑さ、そして二月四日条・五日条の検討を総合して考えれば、福地家が所蔵する『御物城高里親雲上唯延日記』は下書き日記であり、そのために清書本作成後は反故になり、福地家に残ったものと考えられる。

おわりに

福地家日記史料群はこれまで、役所の日記を書写したものと考えられてきた。これまで、とはいっても、先行研究は『那覇市史』の「解題」と「解説」しかないのではあるが、そもそも『那覇市史』における章立て自体が、「第一章は、当時の役所の記録（日記）と思われるものを、心覚えのために写したもの」、「第二章は、福地家の六世から八世までの各々役職ごとに記録されたものを、子孫がある役職についた時の参考にするため、あるいは心覚えにするために写したと思われるもの」として、書写の目的別となっている。

しかし実際には、職務遂行のために書写した日記は『大和横目日記例外寄』と『御仮屋別当例抜』しかない。ほとんどが清書前の下書きで、一部は中清書本である。

そして、この史料群の醍醐味は下書きの日記である点にある。下書きであるが故に、揺れ動く日記の記主の心情が読み取れる。生々しさがダイレクトに読者に伝わってくる。あくまでも仮定の話しではあるが、もし仮に、役所に提出された清書本の日記が、戦争の惨禍をくぐりぬけることができていたとしても、この史料群の史料的価値は少しも減じることはない。そのようなたぐいの史料群なのである。個人の思想や世界観は同時代の空気・価値観の影響を受けて形成されてゆく。日記の記主という一個人の思想をとおして、その個人が生きた時代像を描き出してゆく、そのような研究手法が取れる貴重な史料群といえよう。

写本にはそれを書写した人物の手が入る。活字本には編纂者の手が入る。第三者の手が入れば入るほど、記主の思想・心情を再現しにくくなってくる。文字から得られる情報のみに着目するのであれば活字本でも十分用に足りる。しかし、自筆本には写本や活字本からは読み取ることのできない、行間に込められた記主の想いがある。それを日記のおもしろさというのであろう。

また、このような貴重な史料群の先行研究が、一九九八年に『那覇市史』として刊行されて以降、その中の「解説」と「解題」しかないという点も極めて興味深い。このことは、日記を素材として琉球の歴史を語る研究は多く存在しても、日記そのもの、史料そのものを研究する視点が不足していたことを意味するのであろう。本章で具体的に見てきたように、日記には随所に文章推敲の跡がみられる。その日記をこれまでは「写したもの」と理解してきたわけである。おそらく、自筆本は一冊のみ、という先入観があったためであろう。琉球史における日記研究は、今後の大きな課題の一つといえよう。

終章　下書きの日記、その史料的価値

本書の冒頭で、咸豊三年（一八五三）年四月十九日、ペリー来航の様子を記した『御物城高里親雲上唯紀日記』を見た。ペリー一行はこの後、四月三十日に首里城を訪れるのだが、その時の様子もまた、『御物城高里親雲上唯紀日記』に残されている。そこで本書の最後にあたり、そのペリー首里城訪問記事を見てみよう。

　四月卅日

一、異人共御城元御門外ニ而乗轎相迦り、兵卒茂其所江留置、西之御殿江参り茶菓子馳走、左候而大（王カ）子并総理官・布政官江進物等も有之、無間も今九ツ時分、大美御殿江罷帰御料理馳走、無事罷下候段、御仮屋方江御届申上候様、御問合有之候付、里主ゟ御届被成候事。

口語訳は次のとおりとなる。

一、異人達（ペリー一行）は首里城門外で籠から降りて、兵達はその所（門外）に留め置いて、西の御殿に参り、（そこで）茶菓子を振る舞い、王子と総理官と布政官への進物を差し出した。しばらくして夕方四時頃に大美御殿（国王別邸）に行き、そこで食事を振る舞い、無事に（那覇へと）帰っていったことを、薩摩在番奉行所へ届けるように仰せつけられたので、那覇里主が届けた。

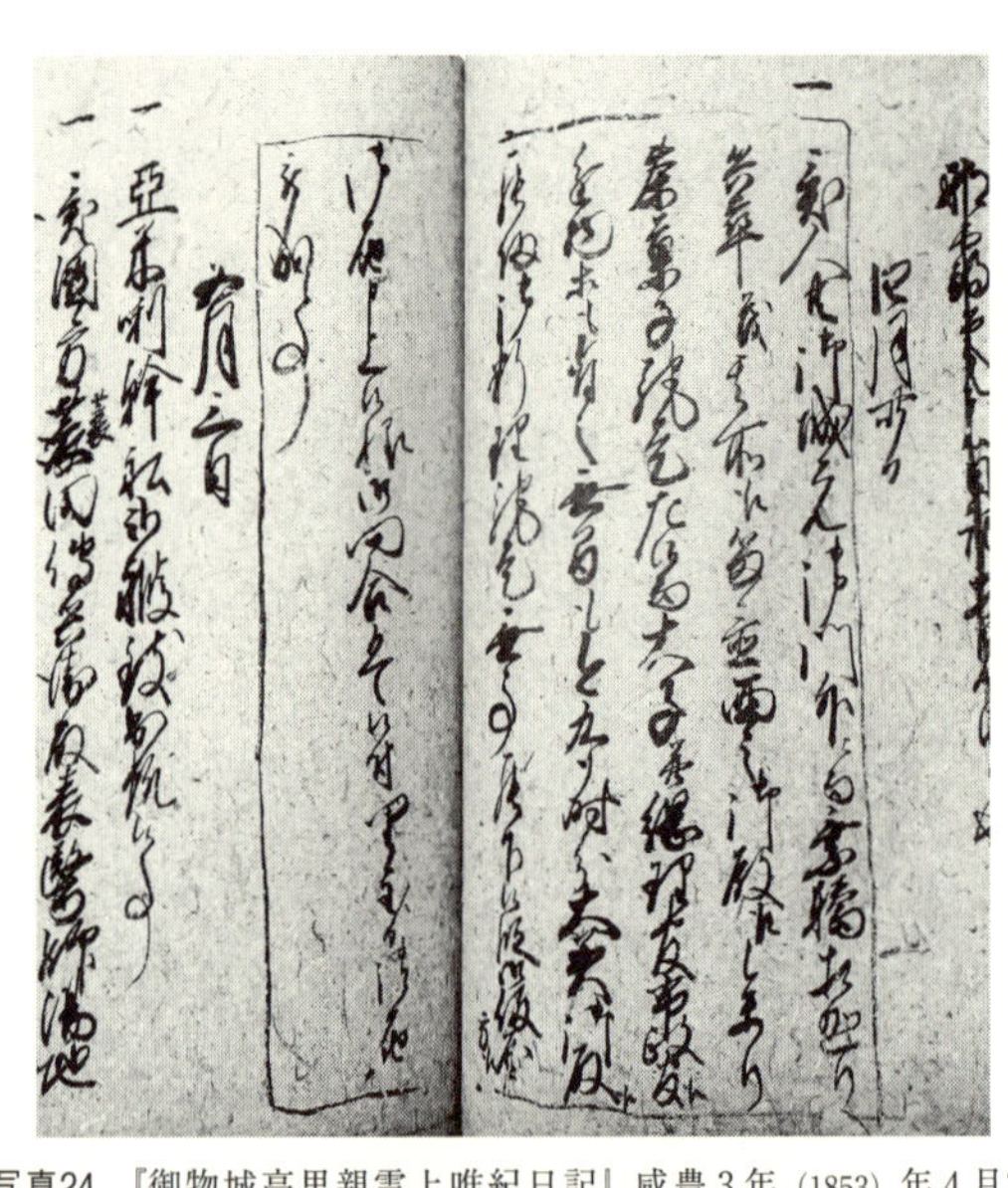

写真24　『御物城高里親雲上唯紀日記』咸豊3年（1853）年4月30日条

首里王府から薩摩在番奉行所への、ペリー一行の行動報告を、親見世が取り次いでいるわけである。それでは次にこの記事の写真を写真24として提示する。写真からわかるように、同日条の記事は黒墨で周囲を囲まれており、これは抹消符である。それでは何故に、この記事は全文が抹消されたのであろうか。

ペリー一行首里城訪問の様子は『亜船来着天久寺江止宿付日記』や『亜人成行御国許江御届之扣』など、首里王府評定所に残された史料から詳細に分かる。それら評定所の史料と、右の『御物城高里親雲上唯紀日記』を比較すると、右記事に何かしらの間違いがあったから抹消されたわけではないことが確認できる。例えば『亜人成行御国許江御届之扣』で、本件は「提督観会（歓）門外下轎、兵并異風等も門外ニ召置、左候而提督・船主・官人・英人等致入城候付、西之殿江招入（中略）茶菓子馳走（中略）左之通国王并総理官・布政官江進物目録添差出候」「旁相済九時分暇有之致退城候付、直ニ総理官・布政官、大美殿江列参、菓子・酒・肴料理等致馳走候処（中略）八時分暇いたし本道通ニ而罷帰」と、全く同内容が記される。しかしながら、同じく『亜人成行御国許江御届之扣』では、この訪問について、「総理官摩文仁按司事、此節来着異国人入城断筋、身命掛而委曲文書を以、平ニ頼懸候得共不聞入、押々既ニ為致入城事候付（中略）摩文仁者退職」とも記す。すなわち「総理官摩文仁按司は、このたび来着した異国人の（首里）入城を止めようと、命をかけて文書で交渉したが聞き入れられず、強行して入城してきたため（中略）摩文仁は（総理官を）辞任した」ということである。ペリー首里城訪問は琉球側にとって、悪しき先例以外のなにものでもなかった。王府の中枢、評定所としては、悪しき先例ではあっても、後のために記録しておかなければならないものであっただろう。しかし首里王府の指示を受けてそれを執行するだけの、出先機関、親見世にとってはどうであろうか。

唯紀子息唯延が書写した『大和横目日記例外寄』中、八拾三番日記には「亜国船乗頭之者共、入　城之事」がある。ペリー一行首里城訪問は大和横目の日記には記録されていたのである。よって、首里王府から、那覇役人に向けて、本事案を記録しないよう通達があったとは考えられない。この抹消は、あくまでも記主唯紀個人の判断なのであろう。

本書第三章第一節で述べたように、唯紀は、この時同時に『福地家日記』も執筆していた。そしてその『福地家日記』の序文最末には「御政事向并不軽風俗□□人之恥辱等相掛候事共、書留いたし候儀者堅可致遠慮候事」が記されている。『御物城高里親雲上唯紀日記』と『福地家日記』とでは公日記・私日記の相違があるものの、記主唯紀は日記に記録すべきことがらと、記録すべきでないことがらを意図的に峻別していること明白である。本書第三章第二節にて指摘したように、それ故に、異国人の子供の誕生は日記に記しても、自身の孫の誕生は記さなかったのである。

唯紀は、ペリー一行の首里城訪問について、親見世がかかわったその職務の内容（薩摩在番奉行所への報告）を、事の重大さゆえ、一旦は日記に記した。しかし、これが悪しき先例にあたることは明らかである。そのため、自身の判断で、全文を抹消扱いしたのではなかろうか。

そして、ここで強調しておきたいことは、福地家所蔵の下書き日記から抹消されたこの重要情報は、親見世の清書本には残っていなかったはずという点である。下書きの日記には多くの削除記事、訂正記事が残る。そしてそれらの抹消記事などは必ずしも間違っていたから削除、ないし訂正されたとは限らない。下書きの日記には、清書本には残らない、貴重な情報が含まれているのである。

参考文献

渡慶次朝裕・大城康洋「解題一」（『那覇市史』資料篇一―九近世那覇関係資料・琉球資料漢文編、一九九八年）
田里修「解題二」（同右）
小野まさ子「解説」（同右第一章）
豊見山和行「解説」（同右第二章）
那覇市歴史博物館編『家譜でひも解く士族の世界』（二〇一三年）
梅木哲人「評定所の機構と評定所文書」（『近世琉球国の構造』、第一書房、二〇一一年、初出は一九九〇年）
高田紀代志「近世琉球の暦試論―大清時憲暦と選日通書―」（『沖縄研究ノート』二、一九九三年）
高田紀代志「近世琉球の暦をめぐって試論その二―琉球暦と薩摩暦―」（『沖縄研究ノート』三、一九九四年）
豊見山和行「国立台湾大学図書館典蔵琉球関係史料集成　第一巻　解題」（高良倉吉他編『国立台湾大学図書館典蔵琉球関係史料集成』一巻、二〇一三年）
豊見山和行「異国日記　全体解題」（『西里喜行他編『国立台湾大学図書館典蔵琉球関係史料集成』三巻、二〇一六年）

参照刊本史料

『那覇市史』資料篇一―九近世那覇関係資料・琉球資料漢文編（一九九八年）
『譜代貝姓家譜正統』（『那覇市史』資料篇一―八家譜資料四所収、一九八三年）
『親見世日記』乾隆元年記（高良倉吉他編『国立台湾大学典蔵　琉球関係史料集成』一、二〇一三年）
『親見世日記』乾隆五十三年記（西里喜行他編『国立台湾大学典蔵　琉球関係史料集成』二、二〇一四年）
『親見世日記』乾隆三十三年記（『那覇市史』資料篇一―一〇琉球資料（上）所収、一九八九年）
『異国日記』咸豊二年記（西里喜行他編『国立台湾大学図書館典蔵　琉球関係史料集成』三所収、二〇一六年）

『異国日記』咸豊四年記（同右）
『年中各月日記』道光二十七年記（『琉球王国評定所文書』二所収、一九八九年）
『亜船来着天久寺江止宿付日記』（『琉球王国評定所文書』七所収、一九九一年）
『亜人成行御国許江御届之扣』（同右）

下郡　剛（しもごおり　たけし）

1968年、大分県佐賀関生まれ
最終学歴　立正大学大学院文学研究科史学専攻博士後期課程修了
現職　沖縄工業高等専門学校総合科学科准教授
専門　琉球近世史・日本中世史
主著　後白河院政の研究（吉川弘文館、1999年）
　　　沖宮順治十七年石碑～研究編～（日本史史料研究会、2015年）
　　　近世琉球寺院の原風景を追う～石垣島桃林寺の墓碑と三牌～
　　　（日本史史料研究会、2015年）

日記で読む日本史 17
琉球王国那覇役人の日記
福地家日記史料群

二〇一七年十一月三十日　初版発行

著者　下郡　剛
発行者　片岡　敦
印刷製本　亜細亜印刷株式会社
606-8204 京都市左京区田中下柳町八番地
発行所　株式会社 臨川書店
電話（〇七五）七二一―七一一一
郵便振替　〇一〇七〇―二―八〇〇

落丁本・乱丁本はお取替えいたします
定価はカバーに表示してあります

ISBN 978-4-653-04357-7　C0321　© 下郡　剛 2017
〔ISBN 978-4-653-04340-9　C0321　セット〕